JN317889

TBSテレビ報道局『生きろ』取材班
The 'Stay Alive' Task Force of TBS News

10万人を超す
命を救った
沖縄県知事・
島田叡

ポプラ新書
039

10万人を超す命を救った沖縄県知事・島田叡／目次

沖縄全図

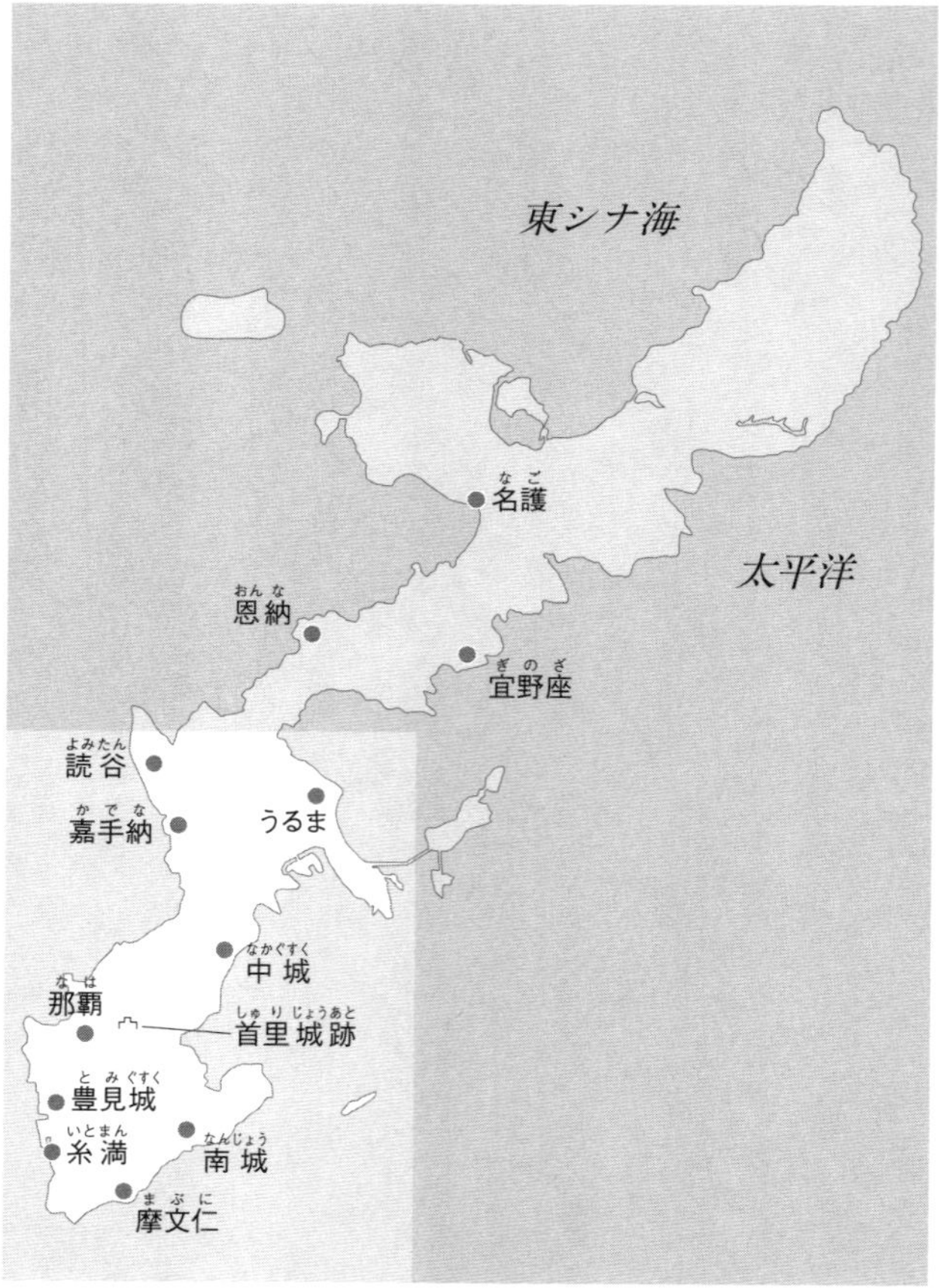

「新しい社会科地図」(東京書籍)を参考に作成

沖縄戦

4月1日、沖縄本島中部に上陸したアメリカ軍は、島を南北に分断した。迎撃にあたった日本軍は、南部に撤退して持久戦を展開したため、沖縄県民を巻き込んだ激しい地上戦となった。6月23日、組織的戦闘は終わった。12万2228人の沖縄県民の死者のうち、9万4000人は一般の住民だった。

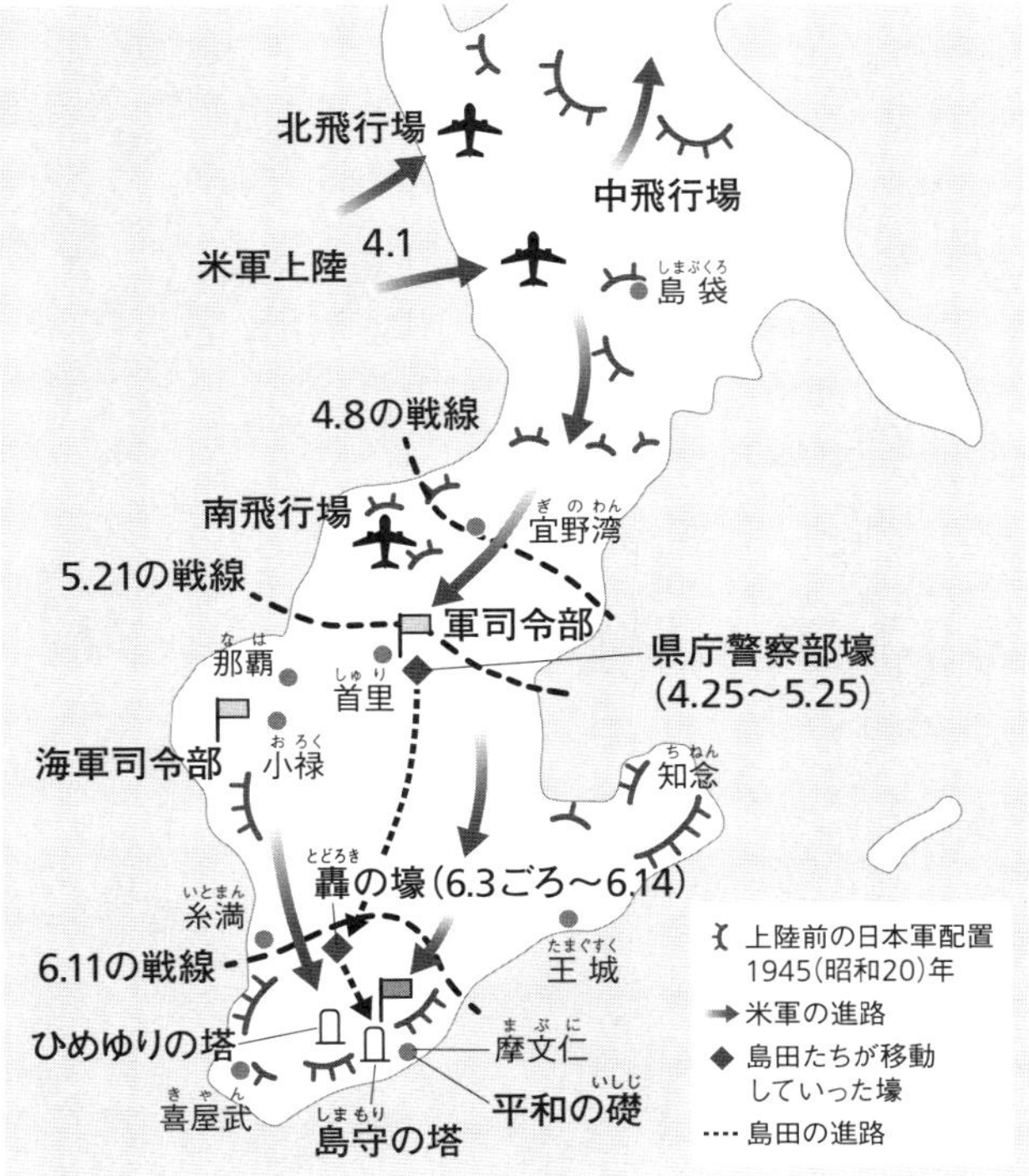

「詳説日本史図録第6版」(山川出版社)を参考に作成

プロローグ

「野球の花形選手で、県民から〝神〟とも慕われる知事」、そんな人物がいたことをご存知だろうか。時は1945年。アメリカ軍上陸による地上戦に巻き込まれて、県民の4人に1人が命を落とした沖縄。そこで、たった五ヵ月の知事だったのに。

沖縄戦。1945年3月26日、アメリカ軍が沖縄本島から西に40キロの、慶《け》良間《らま》諸島に上陸した。2014年に31番目の国立公園に指定された「ケラマブルー」の海から、沖縄戦は始まった。そしてアメリカ軍は、4月1日に沖縄本島上陸。中部の西海岸から上陸した部隊が3日で東海岸に到達、沖縄本島を南北に分断する。逃げ遅れた住民は南部に逃げるしかなくなった。

日本軍は、前年に編成された陸軍の第32軍が沖縄守備軍を構成し、これを海軍の沖縄方面根拠地隊が支援する形で迎え撃った。しかし、首里城《しゅりじょう》地下に隠れていた第32軍が、南部に撤退して持久戦を展開しようとしたため、多くの住民が戦闘に巻き込まれた。

6月13日、海軍沖縄方面根拠地隊の司令官以下が、現在の那覇空港近くにあった海軍壕で自決、6月23日には第32軍司令官と参謀長が沖縄本島南端の摩文仁《まぶに》で自決、アメリカ軍が本島南端に星条旗を立てて、組織的戦闘は終わった。だが、その後も続いた掃討戦も含めて日本人の死者は18万8136人にのぼった。そのうち12万2228人が沖縄県出身者だが、9万4000人は一般の住民だった。

当時の県知事は、選挙で選ばれるわけではない。内政の中枢に位置した中央官庁、内務省から派遣されるエリート官僚、官選の知事である。中央からやってきた、戦争遂行の中心人物の一人、しかも、悲惨な住民の被害につながった沖縄戦の真っ只中にいたのに、なぜ〝神〟と慕われたのだろう。

その人物の名は、島田叡《しまだあきら》。沖縄戦の終結直後に、消息を絶った。年々、1945年との時間的な距離は広がっていく。しかし、取材現場には、島田叡との出会いがあった。それは、風化することのない記憶との出会いでもあった。

1986年6月23日、取材班のひとり、岩城記者は、摩文仁の平和祈念公園で行われた、全沖縄戦没者慰霊式典を見つめていた。この時代にはまだ、内閣総理大臣が参列することはなかった。この時期に与党自民党の幹部が沖縄を遊説していたのは、投票が迫った衆参ダブル選挙のためだった。その同行取材で、初めて平和祈念公園に足を踏み入れた駆け出しの政治記者・岩城が、偶然に見た慰霊碑があった。

「島守《しまもり》の塔」。慰霊碑に「沖縄県知事島田叡」「沖縄県職員」と記されている。

その後方には石段が続き、最上段に同じような形の碑が立っている。そこにはやはり縦に二行「沖縄県知事島田叡」「沖縄県警察部長荒井退造《あらいたいぞう》」、そして「終焉之地」と記されていた。

沖縄を離れた後、違和感はますます大きくなっていった。警察を含む内政の中枢を掌《つかさど》っていた内務省の中から、超エリート、今でいうキャリア官僚が来て、軍とともにあの戦争を遂行した。何故、その人物の名前を特に記して、慰霊の対象としているのだろうか。

「本当に知らないのか？」沖縄選出のある国会議員は、話しているうちに涙ぐんだ。「あの時代に、沖縄県民のことを真剣に考えた本物の人物が生き残れず、そうでなかった人物が生き残った。こんな理不尽なことはない」、そう言って、この議員は声をあげて泣いた。

島田叡。戦中最後の知事……。戦争を遂行する側の官のトップにあった人物を、沖縄の人はどう評価しているのだろう。恨んではいないのだろうか。沖縄を自らの中心テーマにしていた取材班の記者・佐古は、恐る恐る訊ねた。相手はかつて沖縄県知事として、アメリカ軍の基地問題と向き合った、大田昌秀《おおたまさひで》さん。こんな言葉が帰ってきた。

「心から尊敬すべき、本物の人物です」

大田さんは、旧制中学生が動員された「鉄血勤皇隊《てっけつきんのうたい》」の一人で、今は世界遺産となった首里城の地下、当時の第32軍司令部地下壕にいたことがある。そこで、島田叡知事とすれ違っていた可能性があるという。軍の内情を知る人の言葉だ。

阪神淡路大震災の取材での、貝原俊民《かいはらとしたみ》兵庫県知事の言葉が忘れられない。貝原知事は、３期目の１９９５年１月に阪神淡路大震災が発生、２００１年７月、4期目の途中に辞任した。その時に、こう語っている。

「島田さんならどうするだろうと、島田叡に通じる思いで職務を続けた。震災で多くの犠牲者を出した責任をとる」

島田叡——その名前は、心に深く刻み込まれた。

野球の取材で、東京ドームの一角にある、野球殿堂博物館に行った。そこで目にした「戦没野球人モニュメント」には、旧制の中学、大学、社会人野球で活躍した戦没者172名の名前が刻まれている。その中のある名前に引っかかった。

島田叡——神戸二中、三高から東大。沖縄県知事、野球選手。島田叡を調べてみると、その名は当時の新聞記事に何度も登場していた。「俊足」、「好漢」の見出し。そして、沖縄戦真っ只中の知事……。「島田杯」という優勝杯があることも知った。

島田叡を直接知っている旧内務省出身の国会議員や元官僚から、島田叡の人物像を聞いた。その話は衝撃的だった。

大正の時代に学生生活を送り、昭和の時代とともに内務官僚として生きた島田叡は、1945年1月31日、知事として、アメリカ軍の迫りくる沖縄の地に立った。県民の食糧確保や疎開に自ら奔走し、10万を超える人の命を救った。勅任官であり、閣下の敬称で呼ばれる立場なのに、農民と酒を酌み交わすなど、わずか5ヵ月の間だが、県民に寄り添った異色の県政を展開し続けた。県民保護の立場を貫き通し、県民と最後まで行動をともにした知事。何より、玉砕の声一色だった時代に、人々に「生きろ」と言い続けた。そして、沖縄戦の終結とともに、消息を絶った。

人々の心に深く刻まれたその名前。中央官庁のエリート官吏なのに、実は一度も東京勤務を経験せず、地方勤務に徹した。中央からの命令を型通りには行わず、必ず勤務地の実情に合わせた。筋の通らない上司の指示には徹底的に戦い、部下の話に真剣に耳を傾けることで、常に住民の近くに居続けた。そんな生き方を、ぶれずに貫き通した行政マンが島田叡だった。

沖縄では一度も野球のボールを握る機会はなかったのに、沖縄県の高校野球界には、その名前がはっきりと刻まれている。

島田の生き様は、前例のない大臣賞詞《だいじんしょうし》で「官吏の亀鑑《きかん》」、すなわち役人の鑑《かがみ》と称された。そんな人物が実在した。これは過去の話なのだろうか。むしろ、沖縄の問題や、現在の行政の問題を考える大きな手がかりが、そこにあるのではないだろうか。島田叡の日々に立ち返ってみよう、そんな記者たちが集まり、取材班ができた。

沖縄本島南端にある平和祈念公園。東側の海に面して広がる平和の礎《いしじ》には、日本人だけでなく、沖縄戦で命を落とした全ての人々の名が刻まれている。そして沖縄戦の資料を収めた平和祈念資料館。それらを束ねるように広がる式典広場。かつてアメリカ軍部隊が星条旗を立てた摩文仁岳には、陸軍の最後の司令部壕があり、各都道府県や団体が建てた慰霊碑が林立する。

慰霊、観光、学習、修学旅行など、一年を通して実に多くの人がこの場所を訪れる。慰霊対象の有無に関わりなく、出身地の慰霊碑に足を運ぶ人もいる。広い園内には巡回バスがゆっくり走る。しかし、島守の塔には停まらない。そして、島守の塔を訪れる人は、ほとんどいない。摩文仁のいつもの風景。

しかし、今でも島田叡を探し求め、消息を尋ねる人たちがいる。私たちも知らなかった。そこから、私たちの島田叡への旅が始まった。

第1章
赴任直後に県政を再生

異色の知事がやってきた

島田叡《しまだあきら》知事の日々に至る前に、短期間ではあるが、非常に重要な「前史」がある。1944年10月10日から、明けて1945年初めに島田が知事として赴任するまでの、4ヵ月弱の期間だ。島田が今も沖縄で語り継がれる理由の一つは、この時期が県民にとって全く絶望的な状況だったからである。アメリカ軍の空襲で、那覇の街が大きな被害を受け、多くの県庁幹部が出張の名目で本土へ行ったまま帰ってこなかった。そもそも文官のトップリーダーである知事が、東京へ行ったまま戻ってこなかった。もはや沖縄は捨てられたと、県民は絶望感に包まれていたのである。

ところが、もう来ることはないと思っていた新しい知事がやってきた。1945年1月31日のこと。それだけでも人々には驚きだった。更にこの知事は、「ありえない」施策を矢継ぎ早に展開して、県民を驚かせた。島田叡の名前はたちまち浸透し、顔を見たことのない知事に、県民は希望を見出していった。

私たちは、当時の県庁職員やその家族を訪ねるとともに、書き残された回想や証言を可能な限りたどり、島田知事赴任前の状況と、赴任直後から直ちに実施された「島田県政」を、再現してみようと考えた。

那覇大空襲

那覇市の中心、国際通りで毎年行われる「大綱挽《おおつなひき》」。東西に200メートル、重さ43トンの大綱は、ギネスブックに登録されている。もともと400年の歴史を持つ行事なのだが、1935年に中断、71年に復活した。実施の日は10月10日、体育の日が選ばれたのだが、主催者には別の思いがあった。

1944年10月10日の朝、那覇はアメリカ軍による空襲を受け、街の9割が焼失した。後に十《じゅう》・十《じゅう》空襲と呼ばれる爆撃である。体育の日以上に、「十・十空襲を忘れてはならない」という思いがそこに込められていたのだ。

関係した人たちに話を聞くと、十・十空襲だけでなく、戦争の記憶が風化するのではないかという危機感が、戦後26年たった71年頃に語られていたという。「十・十空襲を知っていますか？」試みに、国際通りで道行く人に聞いてみてはどうかと勧められた。

大綱挽に込められた思いと同時に、体験者の話を記録に残すことの重要性に重いが至る。「昔」の話ではない。今も多くの証言者がいるのだ。

１９４４年10月10日の朝７時前、沖縄上空に姿を現したアメリカ軍機はおよそ９時間、５回にわたって那覇市を集中攻撃。のべ１３９６機が５００トン以上の爆弾を投下した。攻撃は、那覇市周辺や、沖縄本島以外の島々の一部にも及んでいる。

この日の状況について多くの住民が、「日本軍機は一機も飛び立たなかった」と証言している。人々は不安を通り越して、行く末に希望がないと感じ始めていた。

日本軍の抵抗らしい抵抗がない中で、県庁の状況はどうだったのか。

陣頭指揮に立つべき泉守紀《いずみしゅき》知事は、知事官舎の避難壕にこもったままだった。機銃掃射の中、官舎から県庁に駆け込んで陣頭指揮に当たったのは荒井退造《あらいたいぞう》警察部長、現在の県警察本部長に相当する人物だ。

県の防空監視隊に勤務していた山里和枝《やまざとかずえ》さんは、当時18歳。山里さんもその朝、自宅から県庁まで走った。アメリカ軍機の機銃掃射が前後左右に飛んできたが、恐怖より早くたどり着かなければならないという気持ちの方が強かったと、当時を振り返った。

防空監視隊では、県内各地の監視所からの情報を専用電話で聞き取っていく。到着した荒井警察部長が部屋の中央にどっかと座った。至近に弾が落ちるたびに、「落ち着いて、落ち着いて電話を取りなさい」と指示した。爆風で窓ガラスが飛び散り、体が床に叩きつけられたが、体を起こして受話器にかじりついたという。そして、

「空襲がおさまって、我に返って初めて気が付きました。お下げの片方が無くなっていました。お下げにまとめていた右側の三つ編みが、根もとのところから切れてなくなっているんです。ガラスの破片で切れたんでしょうか、いつどうなったのか、わけがわかりませんでした」

軍や軍需工場はもとより県庁や市町村でも、若い女性の力がなければ立ちいかなくなっていた。山里さんも、その一人だった。あの日、荒井部長や山里さんが弾丸をかいくぐって走り抜けた場所は、現在の国際通り周辺だった。

進まない疎開

十・十空襲からさかのぼること3ヵ月、1944年7月7日に、沖縄県民の県外への疎開を政府が閣議決定した。サイパンが今まさに陥落しようとしていた時である。県外疎開は、この年の3月に沖縄に配備された沖縄守備軍、陸軍第32軍の司令官が具申して決まった。これは、サイパンで住民の存在が軍の活動の妨げになった、という認識によるものだった。つまり、軍が想定した沖縄県民の疎開は、軍事目的によるものである。住民保護が主眼の県庁とは、主眼が異なっていた。

しかし、県による県民の疎開は、なかなか思うように進まなかった。疎開は故郷を離れることだから、容易には受け入れ難い。先祖から受け継いだ家や土地は離れ難いものだ。老人、子供、女性を優先して進めることになれば、家族が離れ離れになる。8月に、学童を乗せた疎開船「対馬丸《つしままる》」が、アメリカの潜水艦によって撃沈された事件があり、消極的な空気が広まっていたこともあった。

そもそも軍は、「日本は必ず勝つ」と言い続けてきた。更に、現在の副知事に相当する県の内政部長までが、「敵は絶対に沖縄に上陸しない」と県民向けラジオで放送する始末だった。それならばもう少しの我慢と、考える人も少なからずいたことだろう。

加えて泉知事が、疎開の促進に消極的だった。知事と軍の関係が良くなかったのである。泉は、「知事たるもの軍に命令される筋はない」という自負が強かった。半分命令調の要請に反発し、無視したこともあったため、軍との協議や意思疎通が十分にできなかった。平時であれば、軍との間に距離を置くことが必要な場合もあっただろう。しかし、この時の軍の疎開要請は、沖縄を戦場にすることを前提としたものである。それならば住民の命を守るために何をなすべきか、住民への目線が欠落していたと言わざるを得ない。

泉は十・十空襲の後、自らの執務室を那覇より北の宜野湾《ぎのわん》に移した。今のアメリカ軍普天間飛行場の近くである。泉はその後全く那覇に戻ろうとしなかったため、県の職員が報告のために往復する日々が続いた。県行政を投げ出したも同然の状況に内務省も困り果て、福岡から人を派遣して那覇に戻るよう泉を説得したが、事態は変わらなかった。

県の幹部職員が、出張や会議など様々な名目で本土に行ったまま、戻ってこない状況も続いていた。十・十空襲でも県庁の建物はかろうじて焼け残っていたのだが、大きな建物は標的になるという理由で、職員は市内各地に分散して執務することを命じられた。そして暮れも押し詰まった12月24日、泉知事は内務省への報告と対策協議などを理由に東京に向かった。県庁は、事実上の崩壊状態に陥った。

残された県庁職員は、「知事は逃げた」、「戻ってこない」と感じた。事実、泉は戻ってこなかった。第32軍は、戒厳令を敷いて軍政を展開することを検討し始めた。

すでに戦火の沖縄へ

年が明けて、1月12日。島田叡に沖縄県知事の辞令が発令され、泉守紀は香川県知事に転出した。形式的には辞令に基づく転勤である。したがって知事の引き継ぎは赴任地で行うのが筋だが、沖縄県知事の引き継ぎだけは、東京の内務省で行われた。

島田は1901年（明治34年）生まれで、発令時43歳。1925年に東京帝国大学法学部を卒業して内務省に入省した、今で言う「キャリア官僚」である。山梨県の県属を始めに、徳島、岡山県の保安課長、三重、長崎、福岡各県の警務課長、佐賀県警察部長、上海領事兼内務書記官、千葉県内政部長、愛知県警察部長、大阪府内政部長を歴任した。

沖縄赴任前の職が、大阪府の副知事格のポストだから、エリートであることは間違いない。だが、この経歴は極めて異例、異色である。キャリア官僚なのに、東京の内務省本省勤務を一度も経験していない。地方官僚に徹しているのだ。そもそも、内務省入省後に高等文官試験に合格したことが異例である。後述するが、母校の第三高等学校野球部の監督を務めたため、在学中に試験を受けず、先送りしていたのだ。これも異色である。

なぜ、島田が選ばれたのか。島田は、発令から赴任までの間、丁寧にかつて任地だった各地を歩いて、親しかった人たちに挨拶をしていくのだが、発令時の上司とのやりとり、前知事との引き継ぎの内容や様子などは全く語っていない。島田をよく知る人たちが感じたことは、「島田さんは下には優しいが、上には厳しいから」。つまり上司の指示に唯々諾々としないので、疎んじられて飛ばされたのではないか、という推測である。

島田叡。撮影年不詳。今に残る写真の中で、最も穏やかな表情と伝えられる

こんなエピソードが新聞記事の中に残っている。

「島田叡氏は三十八歳の新進、往年は三高の名投手として鳴らし、福岡時代には時の知事と警察保安上の意見の相違から大激論をやり『感ずるところあり』として、その後はずーっとクリクリの坊主頭で押し通してい

るという気骨がある」（1938年1月12日付毎日新聞）
だが、後に内務大臣となる安倍源基《あべげんき》の認識は、そうした官界内の論理などではなく、沖縄に強力なリーダーシップが求められていたことを明快に語っている。後に安倍は、「沖縄県知事（泉守紀）は病気と称して帰任せず、各部長も各々口実をもうけて内地に引き揚げ、県庁内には荒井警察部長ただ一人とどまっているという状態で、県と県民は完全に背離し、島は異常な危険状態にあった」と判断していたことを語っている。この認識は発令の際、島田本人には伝えられていたはずだ。
しかも、島田はこの人事を拒否しなかった。十・十空襲の記憶が生々しい沖縄である。近いうちに戦場になることは、誰もが予想した。「死にに行け」というのと同義の人事を、島田以前に打診された数名が断った、島田も断るだろう、あるいは、断ってくれと思った上司もいた中で、島田は沖縄県知事就任をあっさりと受けた。
「兵隊が赤紙一枚で戦地に行くのに、俺は死にたくないから誰かが行って死んでくれとは言えん」、島田は多くの人にそう言い残した。妻と2人の娘にも。赴任の日まで、各地で送別会が開かれた。あの「非常時」に。多くの人が、島田を惜しんだ。島田は明るく振る舞い、いつもどおりの宴会芸、「てるてる坊主」を床の間に座って歌い、裸踊りを舞った。

1945年1月31日、福岡県の雁ノ巣《がんのす》飛行場から、島田は軍用機で沖縄に向かった。高級官吏の転勤につきものの随員を伴わず、行李2つだけの軽装だった。

第一声は「明朗にやろう」

島田が降り立ったのは、那覇の小禄《おろく》飛行場。今は、那覇空港と自衛隊基地になっているエリアの一部である。出迎えに行った県庁職員が、その姿を見つけられずに大騒ぎになる。島田は、すでに待ち合わせ場所のホテルに行っていた。とにかく、虚礼や慣習が嫌いな人間だったので、出迎えを待たず、さっさと直行したようだ。

島田は直ちに焼け残っていた県庁に向かい、職員を前に訓示を行った。知事として型通りの挨拶をしただけではなかった。島田は「これからが本当の闘いの日々、苦労も多いと思うが、何より明朗にやろう」と呼びかけた。

私たちに、その時のことを語ってくれたのは、県庁職員だった板良敷朝基《いたらしきちょうき》さんである。板良敷さんは、島田が刀を持っていたことを記憶していた。これは、警察も束ねる勅任官の知事としては正装の一部だったのかもしれないが、板良敷さんはそうは思わなかった。

「この方は死ぬお覚悟だな」

ほとんどの職員がそう受け止めた。そして、こう語り合ったという。

「この人となら運命を共にできる」

なにしろ、前任の知事や幹部職員が次々と逃げるように去った後だ。知事の不在も1ヵ月以上に及んでいる。那覇市の焼け跡を毎日見て、知事はもう来ないと職員は思った。だが、知事はやってきた。そして、目の前にいる。板良敷さんは「敢然として赴任された」と表現した。

そんな板良敷さんの思いは、前知事との日々につながっている。

「チリンチリンと鈴が鳴るんですよ。知事がお呼びだということで部屋に入る。そうすると、具体的に何がどうということではなく、文句を言われるんですよ。沖縄の者は、昼間から酒飲んで踊ってばかりいてけしからんというようなことですね。で、午後になるとまたチリンチリン。何かと思うと、また午前中と同じ文句を言われるわけですよ」

島田は違った。職員が胸に縫い付けている名札を見て、名前で呼んだ。しかも呼び捨てはせず、必ず「君」をつけて呼んだ。

山里さんは、直接この訓示を聞いてはいなかった。

「なにしろ長官は、雲の上の人でございますから」

あの時代の知事が、いかに重い存在だったかうかがえる。当時の職員は「知事」を「長官」と呼び習わしていた。文字通りの地方長官、県政を掌《つかさど》る官吏の長だったわけである。その長官、「雲の上の人」の訓示の言葉について職員が語り合っている。それが、山里さんの耳にも入った。「明朗にやろう」という第一声とともに、島田叡知事は初日から職員の中に溶け込んでいった。

荒井退造警察部長との出会い

島田は赴任の日に、県庁に職員を集めただけではなかった。警察部と土木課以外は市内に分散して避難していた組織を、県庁に再統合して島田県政をスタートさせた。崩壊状態の上、形の上でもバラバラになっていた県庁を、まずはひとつにまとめることから手を着けたのである。県政の喫緊の課題は、県民の疎開と食糧確保だった。

2月7日、陸軍の長勇《ちょういさむ》参謀長らが県庁を訪れた。そして、2月15日にアメリカ軍が沖縄に上陸するという観測が伝えられた。島田はその日のうちに部課長会議を開いて、平時の行政を停止して、戦場行政に移行することを決定し、伝達した。

11日には「人口課」を創設した。これは疎開を担当する部署だが、生まれ育った場所を離れることを意味する「疎開」という言葉には県民の抵抗感がある。

そこに配慮した、島田のネーミングだった。そして、疎開に取り組んできた中心人物である浦崎純《うらさきじゅん》を、人口課長に任命した。後述するが、新セクションの創設、人材の発掘、育成、登用は、島田の行政官としての真骨頂である。着任早々、それが形になった。

県庁の崩壊、空洞化の中で、島田は決して一人ではなかった。中でも、二人三脚を組むべきパートナーがいた。荒井退造警察部長である。安倍源基が「県庁内には荒井警察部長ただ一人とどまっている」と語った、気骨の幹部職員である。

島田と歩んだ、荒井退造警察部長

荒井は栃木県の出身で警視庁巡査を拝命した後、警察官の職務の傍ら明治大学の夜間部に通った。そして、27歳で高等文官試験に合格した後、内務省に採用された苦学力行の人物である。

年令は、島田の1歳上になる1900年生まれであった。

その荒井をよく知る人物がハワイにいる。当時17歳だった、上地《うえち》よし子さん。それまで部長級の幹部の世話係などは、県立第一高女、第二高女などの生徒が見習い奉公のような形で行っていたという。だが、時勢は見習い奉公どころではない。みな軍に徴用されている。親類を通して、上地さんに荒井部長付きの話が来た。県庁に行くと、荒井は即決でよし子さんの採用を決め、官舎に行ってくれと言った。警察部長官舎には、荒井夫人や家族がいた。荒井の家族も上地さんを気に入って、直ちに官舎に住み込みとなった。上地さんは荒井部長を、「旦那さま」と呼んだ。

「何でも知らないことは私が教えるから」。荒井夫人はそう言って、上地さんを可愛がったが、夫人との別れの日はすぐにやってきた。再び上地さんの記憶。

「沖縄中から疎開の船も準備してあるのに、誰も行く人がいない。誰も沖縄から出ていきたくないからね、仕方がないから、公務員の奥さんや家族を先にみんな行かせることにしたのね。荒井さんの命令で、課長さんやらなんやらの奥さん方が行くようになったのよ」

「荒井さんの奥さんがね、あんたも一緒に行こう、沖縄は危ないから、うちの旦那はどうにかなるから、行こうって。東京に行ってお嫁にも行かせるから、家から行かすから心配ないよ、行こう行こうと言ってくださったけどね。私は残ったわけ。部長さんが、あんた残ってくれるんかって言われてね、一緒に頑張ろうって。あんなこと言われたんですよ」

「範を示す」ために、疎開していった県庁職員の家族の中に、隈崎俊武《くまざきとしたけ》輸送課長の四男、勝也さんもいた。鹿児島県に住む勝也さん、その時の記憶は今も鮮明と言う。

「誰も離れたくないですよね、故郷を。いつ帰ってこれるかもわからない。船が出る時、当時人気の『ラバウル小唄』の替え歌で〝さらば沖縄よ、また来る日まで〟と歌ってね」

そう言って、声を詰まらせた。

疎開を急げ。住民と共に

内務省に残された荒井警察部長殉職報告書は、こう記す。

「疎開事務のために警察官は夜を日に継いで働いたが、特に一回に何千と数える老幼婦女子の乗船の日は、荒井警察部長の陣頭指揮の下に、照りつける埠頭で汗とほこりにまみれて孜々《しし》として働いた。この親切が一般市民の感謝を集め、漸く部長に対する信頼が厚くなったか」

島田は赴任に際して、荒井の孤軍奮闘ぶりを熟知していた。2人の出会いは、疎開を一気に推し進める原動力になった。

島田が書いた熊本県知事宛て疎開受け入れについての礼状を、元沖縄県副知事の嘉数昇明《かかずのりあき》さんが保管していた。沖縄本島の疎開は、九州の各県、そして軍の拠点が少ない本島北部を目的地にした。その一端がうかがわれる資料だ。県庁職員だった嘉数さんの父が、島田の礼状を保管していたことは、郵便を送ることすらままならなくなっていた当時の沖縄の状況をも物語っている。その中での疎開促進だった。

実は島田は、本土で率先して疎開に取り組んだ人物だった。愛知県警察部長から大阪府の内政部長に就任した際の紹介記事は、次のように記している。
「明朗闊達頗《すこぶ》る人情に深く外柔内剛的な気質は残した幾多の治績によく現れ殊に疎開は全国の先陣を切って断行した蔭には氏の功績は大きく名部長の誉れが高かった」（１９４４年８月３日付毎日新聞）
島田は、荒井警察部長、浦崎人口課長とともに、疎開が必要な対象地域に足を運んだ。「講演」の形で、住民に直接疎開を要請したのである。それだけではなく、度々農家を訪問している。農地を持つ人々の疎開は、都市住民とは異なる難しさがあった。「オイ、コラ」で、解決するものではない。
島田は、予告なしに農家に入っていった。当然、大騒ぎになる。当時の知事が、農民と同席すること自体、あり得ないことだったからだ。だが島田は全く屈託なく、農民と語り、さらに酒を酌み交わした。浦崎は、島田の真意について、県民を不憫に思い、彼らとの運命の共同体という意識を持っていたのではないかと感じていた。

最終的な疎開者の数は、県外に7万3000人、沖縄本島北部に15万人。疎開者だけで20万人の命が救われたといわれている。戦雲迫る中で、島田・荒井コンビが放った一条の光だった。

「花も実もある善政」

農村訪問で示した島田の率先した行動は、すぐに県政の柱になる。自ら税務署長を訪れ、酒の増配を要請した。また、専売局長に対しては煙草の増配を懇請した。どちらも、知事自ら足を運んで直接の要請をするのだから、すぐに実現した。沖縄の生活スタイルを否定した前知事時代からすると、今度は知事本人が「楽しみがなくてはいけない」と言うのだから、正反対の県政である。

さらに、禁止されていた「村芝居」を復活させた。これには、深い意味がある。村芝居は、歌舞音曲を伴う。これを含めて解禁にするという意味だ。そして、芝居は沖縄方言で構成される。その使用を許すということでもある。軍は、自分たちが理解できない沖縄方言を県民が使うことを禁止し、方言を使う者にはスパイの疑いをかけた。実際に、無実の県民が処刑された実例が記録に残っている。島田と荒井は、風紀の取り締まりもやめさせた。

県民に寄り添った島田県政を、浦崎純はこう記している。

「考えてみると、花も実もある善政であった。県民が慈父の如く慕ったのは当然であった。そしてこの知事のためなら水火《すいか》も辞さないという気持ちにさせられていた。まことに牧民官《ぼくみんかん》という名がピッタリ実感される島田知事であった」

こうした施策は、荒井退造警察部長の考えと一致していた。戦後、ハワイに移住した上地よし子さんが証言する。

「荒井部長さん……。私はね、沖縄の人たちが集まっていろいろやっているのを見ると、ああ、荒井部長さんが喜んでなさるねえと。沖縄の方言も駄目、踊りも駄目、あの何もかも沖縄駄目言うて、日本の軍が教えていたんだけど、荒井さんはそれを嫌っていたんですよね。荒井さんは、何が方言が駄目だ、どこの国でも方言はある言うてね、沖縄ひいきの方だったんですよ。ものすごく」

「命《ぬち》どぅ宝《たから》言うて。命が大事だよっていつも言うておられた。むやみに死んじゃ駄目だ、自分の体を大事にしなさい。命どぅ宝っていう言葉が沖縄にあるでしょって言って、そういう話、よくしておられましたよ」

命どぅ宝。命こそ宝。この言葉を、島田と荒井はたびたび口にすることになる。部長権限だけでは限界があった行政の施策を、島田が迅速に実行していった。2人の握手する姿を、私たちは何度も思い描いた。

1944年1月25日付沖縄新報に、「戦列離脱を戒む　官公吏の徒らな県外出張」という見出しが見える。そうした状況の中で、荒井は本来出席すべき東京での全国警察部長会議にも行かず、沖縄から一歩も出なかった。上地さんが、東京へいついらっしゃるんですかと訊ねると、知事も何もみんないないのに、自分まで行ったらどうなる、右往左往するだけだと答えたという。

島田は、「花も実もある」県政を行う一方で、綱紀粛正は果断に実行した。「重大任務」と称して上京したまま帰らず、出張期間の延長申請をしてきた内政部長には許可を与えなかった。また、疎開船に便乗して逃亡した衛生課長は懲戒免職にしている。

コメが足りない。戦火の台湾米調達

十・十空襲で知事官舎が消失していたため、島田は民家を間借りして官舎にした。県立二中（現在の県立那覇高校）の前にある、食糧営団の真栄城守行《まえしろしゅぎょう》理事長宅で、庭伝いの城岳《ぐすくだけ》の麓には防空壕もあった。地名をとって城岳の県庁壕ともいわれる。因みに、疎開担当の人口課は、二中の校舎内に置かれた。ここは島田県政の、もうひとつの拠点だった。

官舎の家主、真栄城理事長を島田は台湾に派遣していた。沖縄は、主食の米が不足していた。軍からは半年分の米の確保を要請されている。台湾米の確保が、もうひとつ喫緊の課題だったのだ。当時の台湾は、日本の統治下にあったのだが、軍が主導の台湾総督府との間で、協議が難航した。

沖縄から台湾にかけての制空権も制海権も、アメリカに奪われていた。船も飛行機もない。「定期便」と言えば、空襲に来るアメリカ軍機を意味していた。そんな中で、島田が自ら台湾に行くと言い出した。そして、軍と交渉して飛行機を確保し、文字通り飛んで行ったのだ。

島田は人脈を駆使して450トンの米の入手に成功、これを輸送する船も自ら駆け回って確保した。そして、島田は帰ってきた。台湾では、随分と引き留められたのだが、何事もなかったように帰ってきたという。手荷物には、大量の蚊取り線香を買い込んでいた。

米を積んだ船が那覇に着いた日のことを、上地よし子さんはよく憶えていた。それは夜のことだった。

「港には、担いで仕事する人がいない。みんな帰ってしまって誰もいない。だから船が着いた時、警察部長はじめ部長さんも課長さんも警察の人らみんな行って米担いで降ろしてね。早く運ばないと、また空襲が来たら無くなってしまう。だから早く早く言うて」

そこへ「援軍」が現れた。

「海軍からトラックが出て、それに積んで、県庁のところにあった武徳殿《ぶとくでん》というところへ押し込んで、後から配ってるんです。海軍の司令官は、沖縄の人のことをよく考えてくれてた方だったのよ」

その司令官とは、海軍沖縄方面根拠地隊の大田実《おおたみのる》少将である。後に「沖縄県民斯ク戦ヘリ」という、歴史的な電文を打った人物で、沖縄における海軍のトップだった。台湾往復の飛行機の手配も、海軍が行ったものだった。荷降ろしの作業の間、島田は徹夜で港に立ったまま見守っていたという。

台湾米は、一部は名護港にも船が回航して荷降ろしした。県立三中（現在の県立名護高校）の生徒たちが動員され、やはり、海軍が手伝ったという。

実は島田は、沖縄赴任前から手を打っていた。辞令から赴任までの間、儀礼的な挨拶回りをしていただけではなかった。食糧関係の担当官庁や関連商社にも行って、「今度、沖縄に行くことになったので、食糧の件をなにとぞよろしくお願いしたい」と頭を下げて歩いていた。しかも、自分より格下の担当者や課長クラスにも頭を下げていたという。

沖縄県庁と軍の付き合い方

島田の前任知事の泉守紀と軍の関係は最悪だったことを記したが、根本的な問題は沖縄での知事としての立ち位置にあった。

当時の内務省は、全国の府と県を一等から三等に分類していた。内務省から派遣される知事の給料も、場所により異なる。三等県の知事や部長に就任すると、次はより格上の二等県へ、そして一等への転勤を考えるのがキャリア官僚の常だった。沖縄県の分類は三等県。泉は沖縄県知事のポストをキャリアパスと考えていた上に、アメリカ軍の足音が日々大きくなる中、一日も早く沖縄を離れることを考えていた。

内務省は、今の総務省、厚生労働省、国土交通省、警察庁などの役割を担う、いわば官庁の中の官庁ともいうべき組織、その超エリートがキャリアの内務官僚だ。その意識が、事あるごとに態度に出た。

軍にも、構造的な問題があった。陸軍と海軍の関係の悪さは、沖縄でも同じだった。陸軍の第32軍が沖縄守備軍を構成し、海軍は沖縄方面根拠地隊を駐留させて、陸軍の作戦をバックアップするという役割分担になっていたが、共同作業を円滑に進める関係にはならなかった。陸軍の司令部に伝令に赴く海軍大尉が、陸軍の公用車を見つけて、便乗すべく手を挙げたところ、乗っていた陸軍大尉が「無礼者」と叫んで抜刀したなどという話が、県民の間に伝わっていた。

県庁と第32軍司令部との間では、様々な協議が必要だった。重要事項についてはもちろん、知事と司令官が直接話すことが求められる。しかし泉知事は軍と口も利かない関係だった上に、度々沖縄を不在にする。殊に十・十空襲後は那覇に戻らない状況で、軍に対する県庁の窓口は荒井警察部長に集中するという、不正常な事態が日常化していた。

島田・荒井の対応の仕方

軍が絶対的だった時代、戒厳令で軍政を敷くことも検討されていた時に、荒井退造警察部長は軍とどう向き合ったのか。再び、上地よし子さんの回想。

「軍から荒井部長に会いたいと言って、よく官舎にも来ました。応接間に通して、私はお茶持っていったりしたんですよ。部長さん、怒ってね、時々。けん

上地（旧姓具志）よし子さん

か腰ですよ。軍の作業の手が足りないから、ここの村から50人の住民を徴用するので許可して下さいというようなことですよ。じゃあ、そこに残ってる女、子ども、年寄りはどうするのかと部長が訊くと、〝弾除けにでもなるだろう〟と。そんなことは出来ないと怒って、50名というのを、半分にしたり……。そういうような状態でね、軍の人が帰ってから、私に文句ですよ、部長さんが。沖縄の住民を使い捨ての消耗品とでも思ってるのかって、テーブル叩いて怒ってなさった」

「軍と言い合ってるのを、私が聞いてるわけでしょう。それで、今のことは誰にも言っちゃいけないよと。どうしてですかって言ったら、聞く人によっては僕は非国民じゃ。そうなったら、うちの息子らも学校へ行かれなくなるから、誰にも言うなよと、そう言っておられました」

「軍の人は5、6人、時々は2、3人で来るんですね。あっちの部隊、こっちの部隊から来るから決まっていない。で、荒井部長は一人です。テーブルを叩いて、あんたらが言う通りには出来ない言うて」

そこへ赴任してきたのは、物言う知事だった。島田叡の軍との向き合い方を象徴するエピソードが残っている。

千葉県の内政部長だった時、上海駐在時代の知人である海軍の将官が訪ねてきて、酒席が設けられた。宴たけなわで話題が日中戦争終結に向かった時、「島田さんが激しく食って掛かられ、卓上の酒、肴を片手でさっと払いのけられ、それこそまな板の鯉のように卓上に大の字に寝てしまわれた」と、同席者が回想している。やりとりの詳細は残っていないが、軍人の発言に食って掛かった事実だけで、内容は十分に想像できる。

同じ千葉県勤務時代、銚子から飯岡（現在は旭市）まで、毎年中学生のマラソン競走があった。軍から「中学生の軍事教練強化」の要請がある中、島田部長は今でいうスポーツ振興課のようなセクションを新設し、このマラソン競走をその中心に据えた。しかも当日は開会式に臨んでいざスタートという時に、「俺も中学生と一緒に走る」と言い出して周囲を驚かせる。完走した後、「けろりとして賞状を授与され、少年たちにも深い感銘を与えた」という。軍にすれば、これが軍事教練かと文句の一つも言いたかっただろうが、「持久力養成は最大の教練」と言われて、苦虫をかみつぶした顔で見ているしかなかったようだ。

愛知県の警察部長時代には、防空演習で自ら消防車に乗り、参観の軍車両を「のけ、のけ」と言って、蹴散らして走ったという逸話もある。本土空襲を想定する事態を招いた軍に対して、無言で抵抗を示したというところだろうか。

そんな島田だが、軍の中ではよく知られた存在だった。同じ愛知県時代に、賀陽宮恒憲王《かやのみやつねのりおう》が第三師団長として赴任してきた。出迎えに行った島田を見つけると「君は三高の野球選手だった島田君じゃないか」と言い、以後の酒席には必ず島田を呼んだという。軍の中でも、島田の人物と手腕は高く評価されていたのだ。

島田の赴任で一変

島田叡知事が沖縄に赴任した時、陸軍第32軍の司令官は牛島満《うしじまみつる》中将、参謀長は長勇少将である。ともに中国に駐在した経験を持ち、30代後半には上海領事を経験している島田をよく知っていた。泉知事の更迭、そして戒厳令回避の条件として有力知事の派遣を内務省に要請し、特に島田を指名したのは、牛島であるとも長であるともいわれる。

多くの「武勇伝」が残る長勇だが、島田に対してはきわめて丁寧な対応をした。島田着任1週間後の2月7日、県庁に島田を訪ねて会議を開いている。口も利かなかった前任知事との関係を考えれば、第32軍の首脳が知事を訪ねていくこと自体、大きな変化である。この会議で長参謀長は、2月15日頃にアメリカ軍が上陸する可能性があると伝えた。時間がない。島田は直ちに、平時の行政から戦場行政態勢への移行を決定した。

この日の会議で、軍との関係正常化という課題もクリアしたように見える。しかし、このスタートは、陸軍の意向をそのまま受け入れるというサインではなかった。荒井警察部長と同じスタンスで、県民保護の立場から戦場行政移行を決めたのだった。物言う知事島田叡はこの後、陸軍とは緊迫した関係を続けていくことになる。

心から意気投合したのは、海軍沖縄方面根拠地隊司令官の大田実少将だった。2月下旬、大田は、海軍将校の専用親睦施設「水交社《すいこうしゃ》」に、島田、荒井警察部長、隈崎輸送課長らを招いて島田の歓迎会を開いた。島田が、台湾米調達に飛ぶ直前のことである。

その席で大田は、隈崎に謝罪するところから始めた。港での荷揚げ作業が遅いと、大田自ら叱責したことに対して、言い過ぎたと言って酒をすすめた。大田は、陣地の構築作業で農地を荒らしてしまったことを農民に謝罪したり、「オイ、コラ」式でない指揮官ぶりを目撃されるなど、異色の軍人だった。そして、島田とすっかり意気投合した。

島田と大田をつなぐ要素は多々あった。まずは赴任の経緯が酷似していた。大田の前任司令官は、陸戦の経験がほとんどなかった。アメリカ軍が迫りくる中、海軍は前任の司令官を事実上更迭して、陸戦経験が豊富な大田を派遣したのだ。赴任時期もほぼ同じ、島田に11日先立つ1月20日だった。赴任直前に海軍省に挨拶に訪れた大田は、「沖縄には武器もないので竹槍で戦ってくれ」と言われたという。

千葉県のつながりもある。大田は千葉県長生郡《ちょうせいぐん》の出身、旧制の千葉中学から第一高等学校の受験に失敗して海軍兵学校に入った。元々は文官志望だったともいわれ、千葉県に勤務した経験をもつ島田と話がはずんだことは想像できる。

そして大田は、無類のスポーツファンだった。自らは海軍剣道を代表する達人という評価を得ていたが、何より野球と相撲が好きだった。野球の実況を聞くためにラジオを購入し、留守中の試合は家族にラジオを聴かせた上に、スコアブックを書かせていたという。

だが、何より意気が合ったのは「指揮官先頭」の精神だったのではないかと指摘するのは、大田の三男、落合畯《おちあいたおさ》さんである。落合さんは、自衛隊初の海外派遣となったペルシャ湾掃海部隊の指揮官だった人物で、沖縄の自衛官募集事務所に勤務したこともある。

「うちの親父は軍人ですから、行けと言われたらどこへでも行きますが、島田さんは文官ですよね。断れば断れるわけですよ。それが、死ぬとわかっていながら、率先してあの時期の沖縄に赴任した。これには痛く感じ入ったのでしょう」

島田と大田が会ったのは、結局この1回だけだった。しかし、文字通り痛飲、島田は宴会での十八番である「てるてる坊主」を歌い、踊り続けたという。

台湾米が那覇港に届いた時、トラックと人員を送ったのは大田の指示だった。「知事が命をかけた米を粗末にするな」と。

赴任1ヵ月で組織を機能させる

赴任から1ヵ月余りで、島田県政は目覚ましい成果をあげた。名実ともにバラバラになっていた県庁を統合し、再生させた。そして、停滞していた疎開を促進し、台湾米を調達、県民の命に直結する施策を実行した。

この過程で顕著なのは、先頭に立って動いた島田の行動力と、それを支えた職員たちの生き生きとした姿だ。それは、人材の抜擢や登用、新たな部署の設置などによって、目的達成にふさわしい、職員の動きやすい組織づくりをしたからこそ実現した。疎開促進のための担当部署を設けて「人口課」と名付け、疎開の現場に立ち続けたベテランを課長に任命したのは、その最たる例だろう。そこには短期間に「チーム島田」と表現できるような集団の力ができていた。

一方、沖縄方言や歌舞音曲の解禁、酒や煙草の増配など、県民の生活に直結する施策を実行した。これは、「楽しみもなくては」という県民目線の発想に立ったものだ。

「上から目線」でなく、沖縄をキャリアパスと考えず、県民の思いを実現しよ

う と考えたのが島田県政だった。それは人の力を引き出し、最大限使った県政でもある。県庁職員も県民である。官僚としての島田叡は、前任の各地でも何よりも地元の人々に寄り添い、溶け込み、そこから行政をスタートさせた。それが沖縄でも、最大限に発揮された。

2月に沖縄上陸という陸軍の情報とは異なり、アメリカ軍は2月19日に硫黄島に上陸、そして、3月17日に日本軍が「玉砕」した。島田が、「花も実もある」県政を展開できたのはその頃までだった。今度こそアメリカ軍は、沖縄に迫ってきたのである。

第2章

移動を続ける県庁を指揮

アメリカ軍に追われ続けながら

島田叡《しまだあきら》知事赴任52日目の1945年3月23日、アメリカの艦隊が沖縄に出現し、艦載機による攻撃や、艦砲射撃を開始した。

県立二中前の仮官舎で、近くの壕に身を潜めた島田叡知事は、翌3月24日に部課長会議を開く。部課長の何人かが本土に逃げてしまった中で、島田にとっては真に「腹心」といえるメンバーばかりだった。

ここで、島田は県庁の分散・移動を決定した。赴任直後に再統合・再結集した県庁だったが、戦況はもはやそれを不可能にした。一方で島田は、部課長会議を毎日綿密に行うことを決定する。形は分散しても、実質は一体で行こうという意味だった。

以後3ヵ月の間、島田知事と県庁の、移動に次ぐ移動の日々が続くことになる。この期間、沖縄特有の「ガマ」と呼ばれる自然壕で行われた県政は、文官たちの戦いの日々でもあった。しかし、当時の県庁職員やその家族を訪ねて、移動する県庁を再現する作業を続けてみると、そこには島田知事が行政官としての真骨頂を見せた日々が、浮かび上がってきた。

ガマ（壕）の中での県政

アメリカ軍は1945年3月25日に阿嘉島《あかしま》、26日に座間味島《ざまみじま》、27日には渡嘉敷島《とかしきじま》に上陸し、慶良間《けらま》諸島に沖縄本島上陸の足場を築いていった。突然の上陸で混乱に陥った島々では、住民の集団自決（集団強制死）も起きていた。

那覇警察署と真和志《まわし》村《そん》役場が使用していた自然壕がある。県立二中前の仮官舎から約2キロ、首里城《しゅりじょう》の立つ丘の麓である。直前に、遊んでいた子供たちが見つけたため、「新壕（ミーゴー）」と通称されることになった自然の鍾乳洞で、現在の住所では那覇市繁多川《はんたがわ》に相当する。島田は2人の県庁職員を伴って、ここを予告なしに訪れたという。各地の壕を、可能な限り視察していた。

島田は3月24日の部課長会議で、自然壕を探すだけでなく、更に掘り進めて「構築壕」を整備するよう指示していた。アメリカ軍の攻撃は、日増しに激しさを増していた。しかも、この新壕も含め、第32軍司令部の地下壕があった首里城周辺は、アメリカ軍の艦載機の攻撃が集中し、頻繁に低空飛行を繰り返していた。アメリカ軍は、日本軍の主力が首里城付近にいると察知して、偵察を兼ねた攻撃を加えていたのだ。

4月1日、アメリカ軍の主力が沖縄本島に上陸した。日本軍は、南部からの上陸を予想していたが、実際は、本島中部の北谷《ちゃたん》から読谷村《よみたんそん》にわたる西海岸からの上陸だった。戦艦10隻、巡洋艦9隻、駆逐艦23隻、その他の艦船も含めた219隻が、11万発、5100トンもの上陸準備のための砲弾を浴びせた。「鉄の暴風」の始まりである。最終的に集結した艦船は1300隻といわれ、海は軍艦で真っ黒だったと数々の証言がある。上陸部隊は18万人、後方支援部隊も合わせると、投入された兵力は54万人だった。

この日、島田は新壕に移動した。那覇警察署長は島田知事の「専用スペース」を設け、そこで部課長会議が行われた。

アメリカ軍の攻撃が激しかった場所に移ったのには、理由があった。首里城の地下にあった第32軍の壕に、具志堅宗精《ぐしけんそうせい》那覇警察署長らとともに頻繁に訪れるためだった。軍からの情報提供が途絶えがちになる中、知事自ら情報収集に走ったのだ。

新壕からは、西側の海がよく見えたという。実際に行ってみると、今は住宅地の中で、木が生い茂り、この場所から海を見るのは難しい。そもそも、壕を見つけるのもひと苦労だ。海が見渡せたという当時の景色は、十《じゅう》・十《じゅう》空襲による戦災がもたらしたものだったのだろう。

沖縄の「ガマ」の中には、今も平和教育に使われたり、多くの人が訪れる場所がある。だが、新壕は人を寄せ付けないたたずまいだ。酸欠の危険があるということで、今では入るのも難しい。

それは当時も、大きな問題だった。外気の導入と、炊事で充満する煙を排出する必要に迫られ、島田が入った後も、壕の拡張と改善作業が続けられた。若い警察官が掘り進める中、島田も泥だらけで作業に参加し、周囲を驚かせた。本人は「運動不足になっているから健康に良い」と言って、むしろ楽しそうだったという。

一方で、アメリカ軍の攻撃がやむ夕暮れ時、島田はよく、この新壕の入り口に立ち、押し寄せたアメリカの艦船が埋め尽くす海を見ていたという。島田は、その風景をどんな思いで見つめていたのだろうか。当時の光景を想像すると、胸に迫るものがある。しかし島田県政は停止していなかった。

沖縄県庁は、5つの壕に分散移転したため、部課長会議のためには、新壕に集まる必要がある。ところが、新壕と首里城の間は危険な場所だった。繁多川の川筋に沿って低くなった谷間に、アメリカ軍機が低空で飛来した。操縦しているアメリカ兵の顔が見えたという証言もある。新壕から外にもれた炊事の煙に向かって、機銃掃射が行われたこともあったという。

だが、激烈を極めたアメリカ軍の艦砲射撃や空からの攻撃が、一時的におさまる時間帯があった。夕方の場合は6時。アメリカ兵の食事の時間である。島田は、攻撃がやむ午後6時、県庁の部課長たちを集め、指示を与えた。それは、引き続き疎開を促進すること、特に老幼婦女子を北部に移動させること、そして食糧の配給に重点を置くこととした県民保護対策だった。

戦況は一気に悪化していった。上陸したアメリカ軍部隊は宜野湾《ぎのわん》に進出、一気に東海岸に至り、わずか3日で沖縄本島を南北に分断、二手に分かれて進撃を続ける。その結果、北部への疎開が困難になった県民は、先を争って南下することになる。

4月5日にはアメリカ海軍が軍政府布告第1号を出して、日本の行政権と司法権を停止する。これは、島田および沖縄県庁の活動を停止して、アメリカ軍による軍政を敷こうというものである。今日に至る「沖縄問題」の原点は、実にこの日にあったといえる。

そしてこの「軍政」によって収容所が設置され、非戦闘員の収容が始まった。「生きて虜囚の辱めを受けず」と教えられてきた住民たちが、生きて収容所に収容され、結果的には地上戦が泥沼化する前に、事実上の「戦後」を迎えていた。実に皮肉な事態である。

一方、新壕の中。那覇警察署、真和志村役場の職員および家族およそ150人が避難していた。島田は、彼らと同じ非常食を食べ、特別な料理が回ってきても一切手をつけずに、傷病者に回した。衛生課長には、傷病者には手厚い看護を施すよう指示し、自ら携帯していた非常用品を供出した。

知事自らが情報収集

アメリカ軍上陸を、日本軍はほぼ無抵抗で迎えた。日本軍は、司令部のある首里までおびき寄せてから、攻撃に出ようという作戦だった。そのためには、司令部の場所を把握されないよう、あえて反撃しなかったともいわれる。伊江《いえ》島《じま》で戦死したアメリカの従軍記者、アーニー・パイルは、上陸作戦について「まるでピクニックのようだった」と記事にしている。

島田は、午後6時頃になると、部課長会議を開く一方、那覇警察署長を伴って首里城地下を目指した。連絡のためという名目で第32軍司令部に行くのだが、アメリカ軍機の低空飛行ルートの下である。危険なので思いとどまるよう進言する部下に、「壕の中にばかりいると怖気《おじけ》づくから、戦争慣れするために外に出るのだ」と答えたという。

しかし、島田の真意は、第32軍の動向について、自ら情報収集することだったのではないだろうか。部下を派遣すれば、軍はそれなりの対応しかしない。県庁の最高首脳が赴くことによって、軍首脳から直接話を聞き、戦況と軍の対応や動向を探ろうとしたのではないか。

この時期、大本営は「菊水《きくすい》作戦」という特攻作戦を決定し、4月6日の第一次から最終的には十次にわたって行うことになる。しかし、これは後に明らかになることで、当時の島田はじめ県庁に十分に説明されていた形跡はない。まして県民は、戦況も近未来の予測もできず壕に潜んでいた。名実ともに暗黒の中に置かれていた。したがって県民保護を第一に打ち出した島田県政にとって、軍の動向についての情報収集は生命線だったのである。

実は、「菊水作戦」は冒頭から挫折していた。沖縄へ特攻攻撃に向かっていた戦艦大和が、4月7日午後に撃沈されていたのだ。

沖縄の日本軍の反撃で最大の激戦といわれたのが、嘉数高台《かかずたかだい》をめぐる攻防戦である。現在のアメリカ軍普天間飛行場を望む高台で、そこに日本軍の陣地があった。アメリカ軍は、日本軍の徹底的な抵抗を受け、一日100メートル前進するのがやっとだったと言われたが、4月24日、この嘉数を含む日本軍の防御ラインを突破した。

これによりアメリカ軍は、日本軍の司令部のある首里に一気に迫ることになる。沖縄の内外で緊迫する戦況は、次第に噂も含めて住民に届き始めただろう。また、島田には取材のために接触してくる新聞記者の情報も入った。もともと島田は新聞記者志望だったのだが、採用試験に受からなかったと語っていて、沖縄に赴任するまでの各任地でも、新聞記者と好んでよく接した。

こうして収集した情報を、島田は東京の内務省に連絡しようとした。連絡手段を失いつつあった県庁に救いの手を差し伸べたのが、海軍の大田《おおた》実《みのる》司令官だった。大田に依頼して内務大臣宛てに送った、4月16日付の極秘緊急電報がある。

「四月十三日迄ノ被害ハ家屋破壊一二三〇七　首里市及ビ沿岸部部落ノ建物ハ殆ド壊滅但シ中頭郡以北ハ四月一日以降連絡不能ニ付損害其他ノ状況ハ不明食料制限ハ逐次逼迫　六月上旬以後ハ困窮　一部飢餓ニ瀕センコトヲ憂慮ス」

4月13日までの被害状況を、具体的な数字を入れて伝えていることは、警察を含めた県庁が機能を失っていなかったことを物語っている。また、4月1日にアメリカ軍が上陸した後の北部の状況がわからないという表現で、沖縄本島がアメリカ軍によって南北に分断された戦況を伝えている。さらに県政の立場で見れば、6月上旬が食糧の限界、つまり戦闘も限界という冷徹な見通しを、島田がこの時点で持っていたことがわかる。自ら台湾に飛んで米を調達した後、もはや追加調達ができる状況はやってこないと見越していたのである。

この電報打電時に、島田本人が大田司令官を訪れた記録はない。直線で4キロほど南南西方向の豊見城《とみぐすく》にあった海軍壕に、職員を走らせたのだろう。懇切丁寧な依頼状をつけていたかもしれない。連日通っていた陸軍に頼まず海軍に依頼したことは、きわめて象徴的である。内務省は、この電報が海軍経由で届いた異例の事態を、どう受け止めたのだろうか。

4月24日の嘉数高台陥落を受けて、陸軍司令部は「非戦闘員の首里即刻立ち退き」を発令する。同じ日に、島田のもとに、「別の壕に知事室が完成した」という連絡が入った。島田は新壕を出て移動することを決めた。

異動した場所は、新壕から南におよそ500メートル行った台地である。この場所は、沖縄の特徴的な亀甲墓《かめこうばか》が密集する霊園である。規模は今ほどではなかったというが、当時も墓地があった。その真下に、規模の大きな壕があった。自然壕の中は気温が年中通してほとんど変わらないため、もともと付近の住民が衣類製作の作業などに使っていたという。県庁職員らがさらに掘り進めて、人工の構築壕を作った。そこに向かい合わせに4畳半ほどの広さの横穴を掘って、荒井警察部長と島田知事が入った。

当初は警察部が使っていたこの壕を整備して、県庁の内政部や経済部も合流したため、県庁警察部壕と呼ばれることになった。

4月25日、島田知事が到着、分散していた県庁の相当部分が再び統合された。前代未聞の地下壕の中の県庁。そこで、島田知事はすぐさま一手を打った。前日の24日、第32軍は、「非戦闘員の首里即刻退去」を発令、いよいよ首里決戦かと緊迫した空気が漂う中でのことだった。

緊急市町村長会議を召集

4月27日、島田は県庁警察部壕に、緊急の市町村長会議を召集する。ただし集まった市町村長は、アメリカ軍が未占領の南部地区の面々のみだった。日中は爆撃で非常に危険な状態だったが、県庁職員、市町村長、警察署長、市町村職員、それに付近の住民も含めて100人ほどが集まったという。場所は壕内の通称「大広間」。自然壕の鍾乳洞で、中央には太い鍾乳石が柱のように立っている。

会議の冒頭で、軍司令部の情報主任が発言、「沖縄県民の中に利敵行為や反逆行為がある。かかる非国民を出さぬよう十分警戒してもらいたい」、という趣旨の発言をした。

この後、島田は次のように呼びかける。

「毎日のように犠牲も出ているが、これは暴虐な米獣のためである。敵愾心《てきがいしん》を燃やしアメリカ兵と顔を合わす時がきたら必ず打ち殺そう」

住民保護を第一に据えた島田からは、意外と思えるこの言葉。壕の上空を、アメリカ軍機が金属的な爆音をたてて低く飛び、艦砲や爆弾が付近に着弾、そのつど壕が揺れて、人の声が全く聞こえなかったという状況の下での会議だ。しかも、軍人も同席する会議である。島田らしからぬ、当時の指導者の型通りの紋切り型訓示、しかも語気が鋭くなった。

県庁警察部壕の〝広間〟。島田県政最初で最後の市町村会議が開かれた。約100人が命がけで集まった

しかし、以後の会議で決まった行政の方針に島田の真意がはっきりと見てとれる。一言でいうと、「餓死者を出すことは行政担当者最大の恥」という確認である。

　議題の中心は、「この戦時下にどうやって食いつなぐか」ということだった。「夜間増産」、「イモの植え付け」、「雑穀類の夜間収穫」。この点については、再び上地《うえち》よし子さんの証言を引用する。

「荒井部長さんが言っていたのね。戦争に

なったら食べるのが大変になる、みんな右往左往して食べるものが無くなって大変になる。沖縄にはイモがあるでしょ。イモの畑がたくさんあるからね。どこのイモでもいいからほじくって命をつないでね、また植えればいい。葉っぱの一つでも押し込んでおけばまた生えるから、命を大事にしなさいって言われていたんですよ。これは泥棒になるんだけど、泥棒をつかまえることもしないように、荒井さんが命令出してたね」

これは荒井が黙認して、各市町村で暗黙の了解になっていたことだったようだが、この市町村長会議では、明確な県の方針として打ち出した。証言や資料をまとめると次のように要約できる。

「どこの畑の作物でもいい、これは全て県民共用の食糧である。自由にとってよいから命をつなぎなさい、これは泥棒ではない。そのかわりとったイモを食べずに蓄積したり、捨てるようなことをしてはならない。食べるだけとったら、次の人のためにイモの葉を植えておくこと」

これを、各市町村長が徹底することを確認した。再び、島田・荒井コンビの考えが、具体的な政策となる。風紀の取り締まりについても、もはや必要ないと島田は明言した。

その間にも、壕を揺るがす爆撃が続く。もう一つの重要議題は、壕の強化対策や設営の指導、壕生活と安全の指導などであった。全ては、一人でも多くの県民が生きるため、生き延びるための会議だった。会議は最後に、戦意高揚について議論して夕刻に散会した。アメリカ軍の攻撃が休みになる時間をはかって、参加者たちは持ち場に帰っていった。浦崎純《うらさきじゅん》人口課長は、『島田知事――沖縄戦秘史』の中で、以下のように回想している。

「荒れ狂う壕外の鉄の嵐の中を鉄カブトに身を堅めて居村の壕目指して帰る市町村長の顔、顔には悲壮決死の色が深かった。そして又これら重任を負うてまさに戦場を突破しようとする人々を壕出口で見送る島田知事の目もうるんでいた」

この日、島田と荒井は、壕に残った仲吉良光《なかよしりょうこう》首里市長に、こんな声をかけられた。

「長官、戦争に勝ったら第一番に何をなさいますか?」

これに、島田はこう答えたという。

「何をおいても泡盛を呑むことだな。諸君とともに3日2晩だよ。しかも百年以上の古酒、先日あなたのお宅でいただいた古酒の味はまだ忘れられない」

と子供のように舌なめずり。

そして荒井は「ワシは贅沢は言わん、まずはお風呂にとびこみたいな」と煮しめのようなタオルを見せて笑わせたという。戦勝祝賀会は焼け跡でもいいから首里城で、食べ物は島尻《しまじり》から、酒は首里から、それはいい、と言って一同声をあげて笑ったという。

敵愾心を燃やそうなどと訓示した島田の言葉は、翻訳の必要があるかもしれない。戦意高揚という国策は伝えざるを得ない。しかし、本当に言いたかったのは、「元気を出そう、希望を捨てず生きていこう」ということだったのではないか。棒で打ち殺すということが、いかに非現実的なことか、戦況も含め情報を得ていた島田が最もわかっていたはずである。逆説的に、あるいは皮肉も込めて言ったと考える方が自然である。知事着任の日、「明朗にやろう」と言ったあの原点に返ろうとしたのかもしれない。そう考えると、浮かび上がってくるのは、紋切り型の発言の裏に見える島田の内面の葛藤である。

酒については、胸が詰まるようなエピソードが残っている。酒豪で知られた島田、加えて「明朗にやろう」というその日常的な掛け声もあり、壕生活の中のせめてもの慰安ということで、職員は民家で泡盛を求めてきていた。島田だけでなく、職員たちもともに唯一の楽しみとして分け合っていた。ところがある日、これを求めて出た職員が行方不明になり、ついに帰らなかった。砲弾に斃《たお》れたのだろうか、消息はつかめないままだった。その後の島田は、たとえ泡盛が手に入っても、一滴も口にしなかったという。

県庁警察部壕での暮らし

県庁警察部壕は、那覇の中心街から直線で４キロほどのところにある。壕の真上にあたる墓地の最も高いところに上れば海も見える。北を向けば首里城の赤い壁の一部が見える。その地下に第32軍の壕があった。

山里和枝《やまざとかずえ》さんと県庁警察部壕に入ったのは、2008年のことだった。季節は2月、雨模様の日だった。

「あの年も、雨が多い年でございました」

そう言う山里さんは、壕に入ると右側、炊事場があった場所の手前を指さした。

「そこで、私の友達が亡くなったんです」

山里さんは、那覇の代表的百貨店、山形屋《やまかたや》に勤めていた。山里さんの仕事は、着物を着て化粧をしての実演である。「モデルさんですね」と聞くと、「いいえ、お化けみたいなものでございます」と謙遜して答えられた。

その山里さんが、防空監視隊に所属していたことは先述の通りだ。県庁で仕事をすることは誇りだった。山里さんを慕って県庁勤めをするようになった山形屋時代の友人がいた。その友人が砲爆撃で負傷し、壕の入り口近くに寝かされていた。

「お腹に大けがをしていて、お医者さんがいて縫っていれば助かったのでしょうけれど手当てのしようがない。傷口を大きなタオルでぐるぐる巻きにしておくしかない。でも暑いから無意識に外してしまう。ごめんね、ごめんね、私を追ってこなければこんなことにならなかったのに、そう言って謝ることしかできませんでした。その子は負傷して3日目に亡くなりました」

壕の中は湿気が多く、市町村長会議が行われた広間は、鍾乳洞特有のしずくが天井部分から落ち続けている。山里さんは、当時はもう少し乾いている印象だったという。だが、いずれにしても長期間にわたって居住する空間として、良い環境とは言い難い。何より、電気が通っているわけではないから、照明はろうそくが頼りである。暗黒、湿気、天井からのしずくの音、そして山里さんが体験を語ったような、負傷者、死者の数が次第に増えていく。

県庁警察部壕の唯一の救いは、空気の通りが良かったことだという。実際に、島田知事室だった横穴の壁にろうそくを灯してみると、炎が静かに同一方向に揺れる。蚊帳を張り、入り口にはカーテンがあったという知事室にいる時、島田はじっと読書をしていた。

はす向かいの荒井部長室では時折、碁が打たれた。部長官舎から部長付の上地よし子さんが、碁盤と碁石を運んできていたのだ。よし子のおかげだ、ありがたいと言って、荒井は部下たちと賑やかに碁を打った。囲碁が始まると島田もやってくるが、碁は打たずに眺めながら本を読んだという。

山里和枝さんたちが朝、顔を洗うための水を汲んで持っていくと、島田は決してこれを使わなかった。君たちが命がけで汲んできた水で顔が洗えるかいと言って、炊事で使った米のとぎ汁で顔を洗ったという。

警察官だった新垣徳助さんが思い出すのは、便所に行った時の島田の姿だという。

「みな、壕生活でくたびれてきますよね。便所に近いところは下僚のいる場所ですが、疲れて履物を乱雑に脱ぎ散らかしたまま寝込んでしまう。そんな時に知事が便所に行かれると、決して履物を跨ぎませんでした。それどころか履物をきちんと揃えて並べていかれるんですよ。本当に恐縮しました」

その新垣さんからこの壕の中で辞令を受け、警察官になった人がいた。彼はこれまで戦争体験を一切語らなかった。友人が目の前でなくなっていった記憶が、口を開かせなかったのだ。２０１３年、この壕で初めて体験を語った。

身動きとれない日々

上原徹さんは、当時17歳。山里和枝さんや上地よし子さんと同年齢だ。県立一中（現在の県立首里高校）を4年生で繰り上げ卒業し、警察練習所に入った。2週間程の訓練を受けた後、県庁警察部壕の中で卒業式が行われ、辞令が交付された。3月19日と記憶しているという。県庁警察部壕の中に20名ほどが一列に並び、新垣徳助さんから辞令を渡された。各警察署に配属になる中、上原さんの辞令は「部長書記官勤務」、つまり荒井警察部長の最年少の部下となった。

戦争が本格化している時なので、警察官としての仕事はほとんどなく、島田知事室の近くにいた。

「島田知事の秘書官役だった嘉数安全《かかずあんぜん》さん、小渡三郎《おどさぶろう》さんのベッドのあたりにいることが多かったのです。お二人は出払っていてそこにいないことが多かったからですね。島田知事や荒井部長に食事を持っていったり、トイレに行く時のお供をしたりしました。食事は、荒井部長の運転手をしていた我那覇《がなは》さん夫妻で作っていました。米を炊き、あとは味噌汁、その程度でした」

「荒井部長がトイレに行く時お供していて、敵機は飛んでいるかと尋ねられ、そのようなことはありませんと答えたことがありました。部屋に戻って、どかっと腰をおろした後、靴を脱ぐのを手伝うのが常でした。ある時、他にお供する人が誰もいなくて、島田知事がトイレに行くのにお供したことがあります。島田知事が部屋に戻って、同じく靴を脱ぐのを手伝おうとすると、『いや、いい』と言ってご自分で脱がれました。荒井部長の部屋はいつも布のカーテンが閉まっていたので、中の様子はよくわかりませんでしたが、その当時から少し具合が悪かったのではないかと思います。上地よし子さんもだいたい中にいました。時々、部屋から出てきてすれ違うこともあったが、部長と一緒にいる人なので、よし子さんを雲の上の存在のように思っていました」

「島田知事の部屋はいつも開けっ放し。部屋のすぐ外の所でたむろしていたので、よく盗み見しましたが、正座をして本を読んでおられたのを覚えています。壕の奥が第32軍司令部壕に行く出口で、そちらにトイレがありました。そこから高級参謀が来て、『沖縄のたぬきはどこにいる』と島田知事に対して親しみを込めて大声で叫んでいたのを覚えています。島田知事は笑っておられた。そういう時は、自分たち下っ端はすーっと知事室のそばから離れました。長《ちょう》参謀長とは仲が悪かったのではないでしょうか。長参謀が来たことはないと思います」

「最後の市町村長会議があった日のことだと思いますが、具志堅宗精那覇署長が自分たちのところに来て、決して捕虜になるんじゃないぞと言われました」

次第に身動きがとれなくなっていく中で、しかし、島田は動いた。上原さんらの採用だけでなく、上地よし子さんや山里和枝さんにも正式な県庁職員としての辞令を発令した。5月6日には、「後方指導挺身隊」という新たな組織を設置した。隊長は土木部長で、組織の目的は、市町村長会議で決定した、士気高揚、夜間増産、壕生活指導の3つの重点推進だった。人材登用と組織の活用、活性化という行政官島田叡の手法が生き続けた。

南部への撤退反対を軍に直言

県庁警察部壕から北に目を転ずると、首里城が見える。直線では1キロに満たないが、この間を歩くには急な坂を下って、上らなくてはならない。当時は、道なき道である上に、上空をアメリカ軍機が飛び交う危険な行程である。

この道を、島田は荒井を伴って連日歩いた。アメリカ軍の攻撃が弱くなる夕方以降のことである。危険だからと止める周囲に対して、行って司令官に直接聞かねばならぬことがある、誰が行っても危険は同じだから自分が行くと言い、部下だけを行かせることはしなかった。

陸軍は、首里城の地下一帯にコンクリートで固めた大規模な司令部壕を構築していた。総距離1キロ以上、地下壕には総勢1000人を超える兵士、軍属がいた。島田はその南側の坑口から、牛島司令官のもとに足を運んでいた。

しかし、軍は知事を優遇しなかった。詰めている新聞記者とともに、知事、警察部長は面会を待った。聞き出したかったことは一点、陸軍は首里にとどまるのか、それとも首里を放棄して南部に撤退するのか、その動静だった。南部への撤退となれば、アメリカ軍の上陸で北部への避難ができなくなった住民が、行き場を失ったまま戦闘に巻き込まれ、大きな被害につながることは明白だった。島田は県庁の幹部職員たちに対して、軍の南部撤退反対をたびたび口にしていた。

しかし、牛島から明確な方針を聞き出すことはできない。実は第32軍内部でも意見が分かれていたのだ。南部撤退によりできるだけ長期の持久戦を主張する高級参謀に対して、首里にできるだけアメリカ軍を引き付けて玉砕まで戦うことを主張したのが長勇《ちょういさむ》参謀長だったという。第32軍の最強硬派と言われた長参謀長と島田の意見が、理由は異なるものの、形の上では一致していたという事態を島田は知らなかっただろう。

第32軍司令部壕で「取材仲間」になった記者たちは、県庁警察部壕に度々取材に訪れている。彼らがもたらす情報もあって、島田はかなり正確な戦況を把握していたとみられる。「竹槍訓練強化」などという言葉を聞きつけ、そんな無意味なことをする必要はないと島田が言ったという話が残っているが、それも自らの戦況判断に基づいていたのだろう。

島田は、情報収集の域を越えて、ついに牛島に直言した。

「南部撤退は愚策、首里に踏みとどまるべき」

島田が人口課長に抜擢した浦崎純は、島田の抗議の言葉を聞いていた。後に自著『消えた沖縄県』に、その言葉を記している。

「首里を放棄して、南端の水際まで下がるとなれば、それだけ戦線を拡大することになり、いきおい県民の犠牲を大きくすることになる」

官吏として軍に協力する義務と、住民保護の使命の狭間《はざま》で苦悩していた島田の、意を決しての抗議だった。

命が宝だぞ！

第32軍の方針について明確な動向を探れないまま、５月の梅雨時を迎えていた。島田はそれまでの情報から、軍の南部への撤退は確実と判断し手を打った。

まず、東京の内務省に報告する任務を負った警察特別行動隊の派遣である。戦況判断と沖縄および県民の現状を詳細に記した報告書を持って本土へ脱出し、内務省への報告を命じられたのは８人の警察官だった。５月12日に県庁警察部壕を出発、当初は二手に分かれ、その後は４班に分かれて行動、アメリカ軍を避けながら北上を始めた。

一方、海軍病院での救護活動への人員派遣要請を受けて、女性職員を送ることにした。病院と言っても、ガマの中に急ごしらえの病院壕である。上地よし子さんもその一人で、荒井警察部長のもとを離れることになった。そもそもは、島田らも目指した南部に、先行して移動するはずだった。

「私が出て行く前にね、荒井さんと知事さんが私の肩をつかまえてね。知事さんは私に粉ミルクの缶詰めとタオルを１本、持ってきて下さって、これを舐めてどこまでも生き延びていくんだよ、食べるものが無くなったらこれで生き延びていくんだよって。貴重品ですよ、あの時」

ところが、爆撃が激しくてなかなか出発できない。そこへ海軍からの依頼が来て、海軍病院壕に行くことになったのである。そして、その出発の時、島田と荒井が繰り返し語って聞かせた言葉があった。

「命《ぬち》どぅ宝《たから》。命が宝だぞ」

その頃、警察ルートで情報が入っていた。アメリカ軍の捕虜収容所ができていて、県民が殺されずに収容されている、場所は石川（現在はうるま市）と上地さんは耳にしていた。その話をしていた課長たちは上地さんに、こう語った。

「沖縄言葉がしゃべれなければわかってしまう。荒井部長と親子ということにして、部長さんも沖縄の人として、手挙げて命を助けてもらうようにしたらいいんじゃないか」

それを聞いた荒井はこう語ったという。

「何を言うてる。こんな大勢の部下を亡くしてしまって、民間の人も亡くしてしまって、自分がのこのこ手上げて行けるかって。自分はみんなと一緒に行く。生きようと死のうととにかく、島尻に行くんじゃやって言われて」

山里和枝さんは、友人を亡くしたことの痛みから逃れられずにいた。そして、海軍病院壕への話を聞いたとき、直ちに志願の手を挙げた。

「いずれは亡くなった友人のようになるのだから、それならばせめて少しでもお国のために働いて死のうと思ったんです」

山里さんは、その言葉を口に出したわけではなかった。しかし、島田は感じるものがあったのだろう。よし子さんにかけたのとは別の言葉を口にした。

「いつでも戻ってくるんだよ」

言葉を変えて、生きろと伝えたのである。

これに先立って5月の中旬、上原徹さんは糸満《いとまん》警察署勤務を命じられ、県庁警察部壕を出ることになった。「出発の日に島田知事に挨拶に行くと、黒砂糖を分けていただき、ものすごく感激しました。当時、黒砂糖は貴重で命綱のようなものでしたから。島田知事には、生きるんだぞみたいなことを言われた記憶があります」

糸満署に異動した後の上原さんの動向だが、交差点での交通整理が主な任務となった。そこでは避難者ばかりか、「○○部隊はどこだ」などと軍にも頻繁に道を聞かれたという。軍自体が、名実ともに方向性を見失っていた。

軍が示していたのは「軍官民共生共死一体の原則」である。生きるも死ぬももろともに、ということだ。だが、軍民混在となった南部各地の壕では、悲惨な事態が起こっていた。島田が一時隠れていた新壕《ミーゴー》はこの頃、陸軍が接収して避難していた住民を追い出していた。この後の行く先々で、そうした事態を島田は目にすることになる。

5月22日、軍は「アメリカ軍与那原《よなばる》進出」とだけ発表、戦況悪化を直接的に表現しなかった。そして島田知事のもとには、「首里周辺に残っている非戦闘員は、早めに移動せよ」という、あいまいな指示が伝達された。5月24日夕刻には、長勇参謀長からの手紙が届いた。

「県は速やかに与座岳《よざだけ》以南において県民指導に当たられたい」

与座岳とは、日本軍の南部の拠点のひとつだった。南部への撤退を示唆する内容だが、こうした間接的な言葉から陸軍司令部の方針を類推するしかなかった。

島田知事と沖縄県庁本隊は、この夜、県庁警察部壕を出て東風平村志多伯《こちんだそんしたはく》に向かうことを決定した。出発にあたって、東京の内務省に沖縄の実情を打電している。

「六〇万県民只暗黒ナル壕に生ク
此ノ決戦ニ敗レテ皇国ノ安泰以テ望ムベクモナシト信ジ
此ノ部民ト相倶ニ敢闘ス」

（県民はただ真っ暗な壕で生きている。
この決戦に敗れて国の安泰を望むことはできないと思うので、
県民とともに頑張って闘う）

「真っ暗な壕で、ただ生きているだけ」。何よりも実情を伝えたこの電文の真意は、何だったのだろうか。苦境に置かれた県民をさらに戦いに駆り立てようというのか。

緊急市町村長会議での「米獣を打ち殺そう」という発言が思い起こされる。あの言葉が逆説的に「生きろ」と伝えていたのと同様の、これも逆説だったのではないだろうか。島田は、県民の苦闘を伝えつつ、誰の目にも明白な敗北の見通しを文字に残したようにも見えるし、「暗黒」の状況下に多くの県民を追い込んだ軍に対する抗議とも読める。その文脈で読めば、県民と「敢闘」するとは、「県民とともに生きる」と宣言したともとれる。

実際に島田は、一人でも多くの県民の命を守らなくてはならないと意を決し、県庁が南下する目的は県民保護であると宣言した。5月25日、黒の詰襟服に鉄帽、腕には「知事」の腕章をして、島田は県庁警察部壕を出た。目的地は野戦重砲隊の壕、つまり戦場の真っ只中であった。

第3章

島田叡という人間を作ったもの

異色の知事の出発点を訪ねて

島田叡《しまだあきら》は、あの官尊民卑の時代になぜ県民目線だったのか、そして、玉砕一色の声の中で生きろと言い続けたヒューマニズムは、どうやって身につけたのだろうか。それは沖縄で突然身につけたものではなく、体からにじみ出るような、いわば「島田イズム」とでもいうべきものだったのではないか、そんな思いが強くなっていった。

その出発点は、どこに探し求めればよいのだろうか。私たちは、官僚になる以前にまでさかのぼって、人間・島田叡の姿を追い求めることにした。

島田は、「デモクラシーの時代」に青春時代を送った。中学入学が1914年、大学卒業が1925年である。学んだのは大正デモクラシーと言われた時代、官僚として向き合ったのが戦争に至る昭和の時代だった。

では、青春時代にひたった大正時代の学び舎《や》の空気は、どのようなものだったのだろうか。

一方、島田の青春は、野球とともにあった。中学、高校、大学を通じて、俊足、巧打の花形プレーヤーだった。しかも、中学から大学まで、推されて主将の任にあたった。大学在学中には、母校の高校の監督まで務めている。

野球は言うまでもなく、チームプレーを求められる団体競技であり、キャプテンや監督のリーダーシップはきわめて重要である。学生時代を通じて、乞われてキャプテンであり続けた島田叡は、どのようなリーダーだったのだろうか。そして、どのようなキャプテンシーとリーダーシップを発揮したのだろうか。

須磨の野球少年

島田は１９０１年（明治34年）12月25日に、兵庫県の須磨に開業医の長男として生まれた。下に弟２人と妹が４人、医院を兼ねた生家は今のＪＲ須磨駅の東側、海に近いところにあった。歩いてみると、島田の生家はなく当時の風景はほとんど残っていないが、変わっていないものが一つだけあった。須磨寺《すまでら》。光孝天皇の勅命により仁和２年（８８６年）に開かれた真言宗の古刹《こさつ》である。

当時も今も多くの人で賑わう須磨寺の南西の台地に、小さなグラウンドがあった。そこに島田叡少年と仲間が集まって、日々、野球に興じ、二組に分かれては試合をしていた。島田は子供のころから、左投げ左打ちだった。左利きを矯正する風潮が強い時代に、医師である父がそれを許したことになる。

西須磨尋常高等小学校時代の島田少年は、「１日に１冊くらい立川文庫を読んで筋などを話し合った。バランスのとれた闊達な人柄だった」と、当時の野球仲間が証言している。後に島田は、本を２冊だけ持って沖縄に赴任するのだが、読書の習慣は子供の頃すでに身についていたようだ。

野球の強豪神戸二中に入学

島田は1914年（大正3年）、開校7年目の第二神戸中学校（神戸二中、現在の兵庫県立兵庫高校）に入学、その4年前に須磨・兵庫間に開通した「兵庫電車」（兵庫電気軌道、現在の山陽電鉄）で、尋常高等小学校の同級生たちと須磨寺駅から通学した。

入学の翌年の8月に、第1回全国中等学校優勝野球大会が行われた。今日に続く全国高等学校野球選手権大会の始まりである。会場は大阪の豊中球場、全国の予選を勝ち抜いた10校が戦った。甲子園球場はまだない。この歴史的大会に、神戸二中は兵庫県代表として出場した。大会の予選参加は全国で73校。野球部を持つ学校がまだ多くなかった時代に、すでに神戸二中は全国レベルの強豪校だった。そんな地域に、島田は生まれ育った。

神戸二中に在籍した5年間、島田にとっての最大の目標は、毎年行われていた神戸一中（現在の兵庫県立神戸高校）との試合だった。後に「扇港（神戸の通称）の早慶戦」と呼ばれ、近畿地区の代表的イベントとなっていく試合は、当然、学校にとっても一大イベントで、試合当日は「全校応援」となる。島田少年は一中二中戦への憧れをもって二中に入学し、野球部に入部したのだった。

一番センター島田叡

島田について当時の職員の評価が残っている。

「学業、技能ともに天才肌ではなく努力型、100点法の成績一覧でも1、2番を争うほどではなく、4、5番あるいは7、8番、ただし精勤努力ぶりは顕著」

この生徒像が、どうやら野球のプレースタイルにも通じている。

「決して派手なプレーヤーではなかったが、守備ではどんな難球でも俊足にモノを言わせて驀進し、身を挺して食らいついていった。打撃では長打者ではなかったが確実な打者、ミートすると胸のすくような快打、彼の野球には、一口に言えば人柄がそっくりそのままにじみ出ていた」

当時の二中には、一年生は全員野球を履修すべしという校訓があったという。そして野球の試合、特に一中との試合が間近に迫ると、学校の空気が一気に高調した。選手たちの練習が、学年別に五色の三角旗を振り校歌を叫ぶ全校生徒の前で行われたという。

島田入学の年から、対一中戦は毎年の「定期戦」となった。中心選手としての島田は、身長五尺六七寸というから、１７０センチから１７５センチくらいか。「体の割には長いたくましい足」、これが最大の武器だった。

左バッターボックスにかなり前かがみに立って、右の肩越しに顔をピッチャーに向け、構えたバットをしきりに動かしてタイミングをとる。ライナー性の打球を多く放ち、塁に出ると二盗、三盗、常に先の塁をうかがい、本塁生還を目指した。三番か一番だった打順は、この俊足を生かすために一番に定着していった。また、当時は左投げが非常に少なかったため、時に投手として登板している。鮮やかなフォームとは評しがたいが、スピードがあり球質は重かったという。

もうひとつ共通する島田評は「ひどいテレ屋」、ということだ。時々何か言ってはポッと顔を赤くする、左手を丸めて口もとを隠すようにして笑う、好守好打を褒められるとしきりに照れたという。

一方で、非常に「勝気」だった。少々のことでは顔には出さないのに、野球の試合で敗戦した後は、「一瞬死顔の様相を呈する」。だが言動にはいささかの変化もなく、全校生徒による校歌斉唱の前に立つ頃にはすっきり諦めきった様子で、「肩直しのキャッチボールのころには、見るも朗らかな生徒に還っていた」という。「独特の黙って人の先頭に立つ勇猛心」、そう評されるようになった島田が最上級生の五年生になり、主将に推されることになった。

島田叡主将

島田主将率いる神戸二中チームの特徴は、センターラインの強さだった。センターにキャプテン島田叡、ピッチャー渡辺大陸《わたなべたいりく》、キャッチャー有馬大五郎《ありまだいごろう》。その成立には、島田のキャプテンシーが体現された物語がある。

島田が主戦投手として期待したのが、渡辺大陸だった。その剛速球は「砂塵を巻き上げる」と評されたのだが、なにしろ球が速すぎてこれを受けることのできるキャッチャーがいない。やむなく長身を生かすために、渡辺を一塁手に起用していた。そこへ、神戸一中で巨漢捕手として鳴らしていた有馬大五郎が二中に転校してきた。

当然、野球部に入部するものと思った島田は、「小躍りするように」有馬のもとに行って勧誘した。ところが有馬は全く受け入れない。「音楽家になるんや」の一点張りだったらしい。島田は諦めずに何度も足を運ぶ。文字通りの三顧の礼だったのだが、有馬は、「ワイはチンドン屋の大将になるんや。野球はもうやらん」などと言うばかりで頑として聞き入れない。

そこで島田は最後の手段に出る。「1回だけキャッチボールをしてくれ」と言って、有馬をグラウンドに連れていく。大男自慢の有馬の前に、同じような大男が現れた。渡辺大陸である。1球受けただけで、有馬は渡辺の剛速球に魅入られたようだ。その場で野球部入部が決まった。島田の会心の笑みが目に浮かぶような逸話である。

渡辺・有馬のコンビはすぐに名物となり「雲突く巨漢バッテリー」と言われ

るようになった。渡辺の長身から投げ下ろす速球は、角度がある上に適度にボールが荒れる。しかし、受ける有馬も巨漢。大きな体で、これを器用に受け止めたという。また、有馬の強肩は、座ったまま牽制球を投げて、相手チームを驚かせた。加えて声楽家を目指した声量である。「雷のような」大音声《だいおんじょう》が、グラウンドに響き渡った。そして、センターからキャプテン島田が声をかけ続けた。決まり文句は「一丁行こう！」、そして「元気に行こう！」

渡辺大陸は神戸二中から明治大学に進み剛球投手として活躍、戦後はプロ野球大洋ホエールズの初代総監督を務めるなど、日本球界に貢献する。一方、有馬大五郎は、戦時中にヨーロッパに留学して音楽を学び、戦後、国立《くにたち》音楽大学学長、ＮＨＫ交響楽団事務長などを務め、言葉通り音楽で身を立てた。

その時点の一瞬のためだけに終わらない島田の組織づくり、その後につながる人材育成や登用は、この時すでに形を成していた。そして、その後の官吏としての生き方を予感させる。

親友、有馬大五郎

有馬大五郎について、特筆しておきたい。有馬は島田を「島公《しまこう》」と呼び、自他ともに認める親友だった。同じクラスで、長身の有馬の席は最後列、その前に一人置いて島田が座っていた。授業中に有馬が口を手で覆いながら小声で「島公、島公」と呼ぶと島田が左後ろ向きに「なんだ」と小声で答える。有馬は「また左向きやがった」と笑う。そんな光景を、クラスメイトが憶えている。

「島田叡氏事跡顕彰会」が１９６４年に発行した回想録『沖縄の島守　島田叡親しきものの追憶から』に有馬自身が一文を寄せている。題して「島公をしのぶ悪太郎」。そこで有馬は島田は秀才だったと評しながらも、「裃《かみしも》を着たような追憶談では島公がかわいそうだ」、「単なる秀才は悪太郎と行を共にしない」などと、島田との関係や生き生きとしたエピソードを記している。一例を挙げると、

「運動場の中央に砲丸投げのボールで穴をあけて、前の時間に教室で習った地球の中心が熾熱しているかどうか調査研究する熱意、島公は逃げ出さないで傍

にいた。そこへ風紀の先生が現れて悪事を発見したとしたら同罪あるいはその疑いを受ける。悪太郎どもは島田がやれと言ったんですぐらい言いかねない。彼はあのハニカんだ顔、身振りをしながらうつむいてニコニコしていた」

他の同級生は、こう記す。

「いずれも良く言って一筋縄ではいかぬ暴れん坊たち、悪く言えば『不良少年』揃い。それを統率する島田君の人知れぬ苦労が並大抵のことではないことははたの目にもはっきりとわかった。外柔内剛の島田君にしてはじめてなし得た」

「有馬君などは時々、島公、おまえこうやらなあかんぞと、むしろ島田君を引っ張っていた。しかし島田君を支えていたものは絶対的な人柄の良さと、誠実無比、真面目一本の性格だった。やはり島田君だけがキャプテンの器だった」

島田の調整型のリーダーシップを育んだのは、個性的な友人との人間関係だったことがうかがえる。それを包み込んだ誠実さが確かな人格として、島田叡を形作っていた。

挫折と希望の最上級生

島田が最上級生で主将を務めた、１９１９年夏の全国中等学校野球兵庫県予選。二中は渡辺・有馬のバッテリーで優勝候補だった。ところが「最悪のクジ」。今では考えられないことだが、いきなりダブルヘッダーに当たってしまう。午前中の初戦は勝ち抜いたが、午後の２回戦では1点差で敗れてしまった。

現在では、これで最上級生の試合は終わりとなるのだが、当時の神戸地区には、もうひとつ公式戦があった。秋の「扇港野球大会」である。この年、神戸二中が決勝で当たったのは、前年の中等学校野球で全国優勝している関西学院中である。『沖縄の島守　島田叡　親しきものの追憶から』に記された同級生の回想は、二中での島田の野球の集大成を伝えている。

「渡辺・有馬の雲突く巨漢バッテリー、荒れ馬のような剛球投手渡辺君を飼育したのが有馬君、島田君は三番を打った」

「何回だったか二塁と三塁にランナーを置いてポテンヒットが出た。三塁ランナーはもちろんだが、二走島田君が砂煙をあげて長駆ホームイン、これが決勝点となった」

「最終回、関西学院の攻撃二死、二走が渡辺投手の大きなモーションを盗んで一か八かの三盗を企てた。うずくまるようにしてボールを受けていた捕手有馬君の体が大きく伸びあがったかと思うと、ほとんど打者の頭越しに矢のような好球が三塁へ走った。タッチ、同時にゲームセット。島田君の笑顔が特に印象的だった」

　自らの足で決勝のホームを踏み、自らスカウトした有馬の送球で、島田は神戸二中での野球の有終の美を飾った。自ら先頭に立ち、人材登用と組織の力で行政を進めた島田の後の姿と重なって見える場面である。

花の一高三高戦で球界の頂点に

　やがて学生野球の代名詞となる早慶戦が始まったのは1903年11月21日のことだが、島田が神戸二中を卒業した1919年当時は、早慶戦は応援の過熱などで中断したままで、東京六大学野球もまだ成立していない。その頃、実力、人気ともに日本球界最高の試合だったのが、東京の第一高等学校（一高）と京都の第三高等学校（三高）の対抗戦で、試合当日となればグラウンドは「興奮のるつぼ」だったという。

島田は三高に入学するとすぐにセンターのレギュラーポジションを獲得、１年では三番を打ち、２、３年時には不動のトップバッターだった。先輩、同級生、後輩から、親しみを込めて「叡《えい》さん」、あるいは名前の音そのままに「Ａさん」と呼ばれた。俊足には、ますます磨きがかかった。三高野球部の一年後輩で、後に東大教授なども務めた英文学者の中野好夫は、「叡さんは、三高で三年間中堅を守り通し、打っては軽妙な左打者で、入学していきなり三番、２年３年のときは不変の一番を打っていた。なにしろ陸上の短距離に狩り出されたこともあるくらいで、たしか百メートルなら十一秒五あたりで走っていたのではないかと思う。心持ち体を前後に振りながら走る独特のフォームと、足を生かして難球をも軽々と処理し去る勘のよい守備」と記している。

三高野球部は、全国に聞こえたスパルタ練習で、日が暮れた後のノックが名物だった。外野ノックを受けていた中野が音を上げて、「ボールが見えません」と叫ぶと「見えないくらいで捕れんで三高の野球ができるか！」と声が返ってくるという次第。そんな時、島田がニコニコしながら寄ってきて、「中野、まあええわ。そんなにすぐ上手うなるんやったら、誰も野球やるやつおらへんわ、な」と、さりげなく言う。そんな島田の人柄がうかがえる一場面も書き残している。

三高時代の試合では、1921年1月の一高戦が、島田の最高のエピソードとして語り継がれている。3対3の同点で迎えた延長11回裏、安打で出塁した島田がすぐに二塁に盗塁し、次打者のライト前ヒットで一気に生還、決勝点を挙げて逆転サヨナラ勝ちをおさめた。この試合、わずか6安打だった三高にあって島田は4打数3安打、三盗を含む4盗塁を記録し、4得点のうち2得点のホームを踏んだ。翌日の新聞には、「俊足島田」、「好漢島田」の見出しが躍った。中野によると、「叡さん自身、この日の成績はよほど嬉しかったと見え、ホームへ滑り込み決勝点を挙げた瞬間の写真を大きく引き伸ばして後まで身辺に記念していたはず」だという。

さらに中野によれば、「野球部では叡さんのスベリ込みという言葉があった。敵野手がどれほどはじけば次の塁が盗めるか、そのカンの判断が神業と言えるほど微妙だった」ということで、沖縄で、島田が消息を絶った後も「叡さん生存説」が生まれる根拠になったという。

この試合を見て、三高野球部を目指した後輩が多くいた。神戸二中の2年後輩の名倉周雄は、島田からこんな声をかけられていたという。

「三高の受験に1回の失敗で自信を失っては駄目だ。君は二中の野球選手ではないか。三高には対一高戦という名試合がある。二中からも私の後輩を入れておかねばならぬし、君の将来のためにも三高生活は必ず役に立つ。断じて行えば鬼神も避く、頑張り給え」

名倉は、この試合の観戦で感動し、再び三高を受験して入学、野球部に入部する。島田の身をもってのスカウト、リクルートはますます磨きがかかっていった。そして生涯を通じての座右の銘となった言葉が、この時期に島田の口から聞かれるようになった。「断而敢行鬼神避之（断じて行えば鬼神も之を避く）」、断固として実行すればあらゆる困難を越えられる。

北舎の3号

沖縄に単身赴任後の島田が、留守宅の家族に一度だけ便りを出したことがある。そこには「三高の寮歌は歌っています」と記されていた。それが家族を安心させる言葉だったとすれば、日頃、家族の前でも寮歌を愛唱するほどに、三高時代の寮生活は思い出深きものだったのだろう。

全寮制だった旧制高校では、上級生が下級生の親兄弟の代わりになった。生活、学習など、この時期の人生の全てが寮生活に凝縮される。寮長は、同級生や下級生の生活に責任を負うことになるわけだから、大役である。当然、寮長になるには、学業、生活全般にわたって、模範たることが求められただろう。「北舎の3号」の担当が島田だった。証言や回想で再現する寮での島田叡は、後の島田の姿を予言するかのようである。野球の試合で遠征に出るため、他の寮長に比べると留守にする日が多かった。その分を取り返すかのように、寮にいる時は率先して掃除や雑用を行った。先輩風を吹かせたり、後輩に押し付けるようなことは全くなかったという。「先輩ぶらず説教めいたことは一切言わず、やるべきことをさっさとやって無言の内に統率する」それが流儀だった。

口数の多い方ではなかったが、その分、余計なことは一切言わず、自省的な雰囲気だったらしい。文科丙類でフランス語を学んでいたためか、フランス語でたびたび、エレジーを口ずさんでいたという。また、アメリカ大リーグのホームラン王、ベーブ・ルースの特集記事が掲載されたアメリカの雑誌を読んだりしていたという。

決して堅苦しい人間だったわけではなく、トランプや花札、「へぼのけ」という拳や指を使った博打にも興じた。その瞬間的な博打の判断力はなかなかのものだったとか。

ほのぼのとしたエピソードが残っている。ある日の就寝時刻後の蒲団の中で、「小便がしたくなったのに近くに公衆便所がなかったらどうするか」という話題が持ち出された。すると島田は、断固として立小便をするべきだという「強硬論」を展開したという。しかし、それじゃあ犯罪になるではないかという反論に、そんなものは手を加えて直し、人の生活が向上するようにすればいいのだと熱弁をふるい、反論を展開した者を納得させるまで議論したという。これを寮生たちは「叡さんの立小便論」と名付けて、卒業後も思い出話として語ったという。

島田の面倒見の良さは、寮の中にとどまらなかった。三高合格を目指す神戸二中の後輩には、神戸に出向いて試験対策の勉強会を行った。また、神戸二中の親友、有馬大五郎に「フランス語を教えてくれ」と頼まれて快く応じている。これについては再び、有馬自身の回想を引用する。

「島公は僕のフランス語の唄の先生であった。教わるところは神戸のカフェー・ブラジルで悪太郎の巣、平気でそこへ来て熱心に教えてくれた。『あなたはいい発音だがフランス語はどこで習ったのか』と大学の先生から褒められて得意であった」

東大野球部でのスカウトぶり

１９２２年、三高を卒業した島田は、東京帝国大学法学部に進学、野球部に入部しただけでなくラグビー部にも所属し、野球シーズン以外の時期はラグビー選手として過ごした。島田のスカウトぶりは、この時期、さらに充実していく。ここは、神戸二中の野球部で１年後輩だった前芝確三《まえしばかくぞう》の回想を引用する。

「１９２１年夏、三高グラウンドで行われた全国高等学校専門学校野球大会で、島田君は三高の、私は七高の中堅手として対戦した。七高は大敗したが、攻守交替ですれ違うごとに彼は白い歯を見せながら『元気でいこぜ』とひそかに声をかけてくれた。やがて東大に入学し講義が始まって間もなく、教室を出てくると思いがけなくそこの銀杏の木かげに島田君が待っていた。東大チームの練習に参加することを勧めに来てくれたのである」

島田の人材発掘、目配り、人材登用、そして有効な組織を作っていく手法は、官僚になる以前に、学生生活と野球によって培われたものだった。

卒業後の島田は、野球選手だったと自ら語ることはなかったという。大学卒業とともに、野球は終わりと決めていたのだろうか。東大卒業間近に京大との定期戦で見せたプレーは、島田の野球の集大成であった。再び、神戸二中、三高野球部の後輩、名倉周雄の回想を引用する。

「1924年秋の東大京大定期戦は、京大が例年になく充実、（中略）、東大は問題にならないだろうという下馬評だった。ところが試合は投手戦、8回終わって0対0で全くの互角。9回2死、Aさん（島田）が四球で出塁するや直ちに二盗、三盗と全く常識はずれとしか考えられない盗塁に成功、次いで次打者の遊ゴロ失に本塁をおとしいれ貴重な1点を得て東大が1対0で勝った」

鬼気迫るような、本塁生還への執念である。諦めずに少ないチャンスを生かし、常に本塁生還を目指す。野球選手、島田叡のプレースタイルはその後に通じるものを感じさせる。

島田流監督術

野球人島田叡について、最後に学生監督としての実績で締めくくりたい。

島田が卒業した後の三高野球部は一高戦に3連敗、猛練習に励むが戦績は芳しくなく、練習試合では中学にも敗れることがあった。当時は、卒業生の合議で監督を決める習慣になっていて、1924年5月、新たな学生監督が着任することになった。それが東大3年の島田叡だった。

三高野球部監督時代。中央太鼓に向って左、無帽、眼鏡が島田

重苦しい空気の中、「紺の大学制服に、スーツケース一つ」という簡単な出で立ちは、後の沖縄赴任時を思い起こさせる。島田は、自身の一生の問題である高等文官試験受験を先送りしてやってきたのだ。三高生たちには申し訳ない気持ちや遠慮もあっただろう。ところが、練習では笑顔など見せないものの、その後は花札の仲間に入ったり「先輩顔など全く見られない」。遠慮

がちにしていた1年生までも、いつの間にか「叡さん」と呼ぶようになったという。

1ヵ月ほど後、選手たち自身がチーム力が付いたと実感し始めたある夜、島田が全員集合をかけた。神戸二中の後輩でもある合田夷の回想によれば、「部屋に入るといつものやさしい目は眼鏡越しにギラリとひかり、口は堅く結ばれている。やがて叡さんは、『毎日の練習で強くなってきたことはよくわかる。しかし何かチーム間にはすっきりしないものが感じられてならぬ。今晩は一つ皆が、日頃腹にある不満を言い合うことにしよう。個人攻撃になるようなことでも構わない。とにかく思うことをさらけ出してみよう』と言った」

しばらく一言もなかったが、口火が切られると言葉に激しさが加わり、殴り合いになりかねない罵詈雑言も飛び出したという。連敗続きだったしこりが残っていたのだろう。ところが、腹の中をさらけ出して気が晴れたのか、同時に、言いすぎでなかったかという反省も起きて次第に静かになっていった。しばらくして、島田が口を開いた。

「言うまでもないが、これは今夜限りのもの、さあ明日からは元気でやろう」この一言で解散となった。「あくる日からの叡さんは相も変らぬ仲間の一人と感じられ打ち解けたチームとして固く結ばれていった」という。

この夏、三高野球部は、島田の発案により高野山で1ヵ月近い合宿をした。何より涼しく、睡眠も十分にとれ、のびのびと練習ができたようだ。また、「不満爆発大会」で固い結束が生まれていた。こうして迎えた8月26日、三高グラウンドでの一高戦を迎えた。そして、監督島田叡が、まさに「用兵の妙」を見せつける。

三高は6回まで1本もヒットを打てなかった。それにもかかわらず、4回と6回に1点ずつを奪う。その采配だが、4回は誰もがスクイズで同点狙いと思った下位打者の場面で強行策、6回は四番打者にスクイズさせて1点。スクイズと思えば打たせ、逆に強打者にはスクイズと縦横無尽である。7回、六番打者に初安打が出ると、下位打線にもかかわらず積極的に打たせ、4安打で3点を取った。三高は下馬評を覆し、5対1で圧勝した。

再び、合田の回想を引用する。

「叡さんは細やかな愛情をもって我々仲間に溶け込み、各個の個性の正しい理解に立ってのチームへの深い洞察、確信をもっての確固たる処理、コンディションの調整への温かい配慮、天賦の鋭い勝負勘、本当に叡さんは偉大なる野球監督だった」

「三高野球部はスパルタ式、練習量は日本随一だが、科学的な野球や戦術はあまり教えられなかった。技術は拙でも精神力でカバーするのが伝統の三高野球。監督としてのAさんは技の細かい野球で所謂ハウツープレイベースボールを実際にコーチして実戦に使った」

日没後のノックについては先述した。この練習方法は、三高が始めたものかどうかは不明だが、石灰をまぶしたボールは暗くなってから見えやすく集中できる、などといわれて全国のかなり広範囲に広がっていく。それは「精神野球」や「野球道」などにもつながるものだ。一方、「島田式科学的野球」は、三高時代に読み耽ったアメリカの雑誌などで学んだものだったのだろうか、精神野球とは好対照のものである。

野球に生きた島田叡の青春像、そこに私たちが見たものは、官吏としての島田叡の原型だった。精神主義より最先端の技術、チームワークを作るための信頼醸成、人材の発掘や育成、適材適所の抜擢。それは、現在の行政や経営で語られる、「できる組織」そのものではないか。常に本塁生還を目指した自らのプレースタイルと合わせてみれば、玉砕一色の時代に生きて玉砕を叫ばなかった知事、異色の官僚像と完全に重なって見えるのである。

第4章 名選手から異色の官僚へ

中央にいたことのない中央官庁の官僚

野球選手としての島田叡《しまだあきら》の名は、度々、新聞の記事になったこともあり、かなり知られていた。卒業後、内務官僚になってからのこと、たまたま近くを通りかかったのか、わざわざだったのか、大阪で行われていた一高三高戦のグラウンドにふらっと現れたことがある。「三高ベンチに島田現る」の報が伝わると、一高ベンチがざわめき、劣勢の三高が追いついたなどという話も残っている。

１９２５年４月に内務省に採用され、その後の11月に高等文官試験に合格したのは、東大の３年次に、劣勢続く母校三高野球部の監督を務めたためだ。高等文官試験に合格して初めて高級官吏への道が開かれるわけだが、島田の場合はいわば合格を前提とした「見込み入省」というところだろうか。帝国大学の設置目的は国家枢要の人材育成、極論すれば高級官吏養成が最大の使命である。東京帝国大学出身だからこその「見込み入省」なのだろうが、野球で知れ渡っていた名前が、人材としての評価をより大きくした結果かもしれない。

入省時から異色の存在だった島田だが、内務官僚として刻んでいった経歴も異色であった。東京勤務を一度もしていない。中央にいたことのない中央官庁の官僚だった。その異色さゆえに、島田は存在感を放っていく。各地で官僚として働いた島田の姿には、知事として沖縄で行った行政につながるものが数多くあった。回想、証言、語録に、それは明瞭に残っている。

「本県には本県の事情がございます」

島田の行政官としての特徴は、何といっても地方官吏に徹したことである。東京勤務を一度も経験していないのだが、それに対する不平不満を言うどころか、むしろ地方官吏として生き生きとしていた。1944年8月3日付毎日新聞に掲載された、愛知県の警察部長から大阪府の内政部長への異動の際の談話では、「何処で働くもお国へ尽くす道に変りはない。うんと働くつもりだ」と、語っている。

島田は国内で、10の府県での勤務を経験している。現在以上の中央集権体制の時代だから、東京の内務省からの指示、訓令には、忠実に従うのが官僚として当然の姿だった。ところが、島田はこれを全て型通りに実行する「模範的役人」ではなかった。

思い起こされるのは、学生時代の「叡さんの立小便論」。当時の警察官の代名詞だった「オイ、コラ」式の取り締まりではなく、常に事情を聴き、情状酌量の裁量を発揮していたことは、容易に想像できる。

訓令、指示通りの行政を行わないことに中央から理由を問われると、「指示は実行しました」と言い、ただし型通りでない理由を、「本県には本県の事情がございます」と答えたという。各地の実情に合わせた行政、それが島田の真骨頂だった。中学生の軍事教練強化が軍経由で中央から指示されると、スポーツ振興に形を変えて実行したのはその例だろう。

一方で、果断な実行力を多くの人が指摘している。愛知県警察部長時代、神戸二中の同級生が島田部長を訪ねていった。公用車に乗せて宴席に行く途中のこと、「民家を立ち退かせて当時としてはびっくりするほどの大通りを名古屋市のど真ん中につくる工事が行われていた」のが目に入り、「この工事だけでも大変だね。立ち退きを喰う市民は年末を控えてたまらぬだろうし、立ち退かす君たちの仕事も楽じゃなかろう」と感想をもらした。すると島田は「医者じゃないが注射が必要と決まると如何に痛くとも皮膚に針を通さねばなるまい。目前に捉われて大勢の見通しを誤ることのないように僕等の立場として特に戒心しなくてはならない」と語ったという。

この愛知県警察部長時代に、率先して疎開に携わったことは先述したが、これには行政を超えた思いがあったようだ。島田は、いつまでも戦争が続くわけではない、その先の時代を担うのは青少年であり、彼らが生きるために最良の方法を考えなくてはならない、と考えていたのではないだろうか。千葉県内政部長時代の、軍事教練に代わるスポーツ振興なども、その一つだったと考えられる。

そして、この時代の官僚が全て直面した、軍との距離感である。中央との向き合い方同様、島田流に置き換えて行政に反映させた局面をこれまでにも見てきた。そして、自らの目線で直言した。千葉県内政部長時代の海軍将校との宴席での逸話、愛知県警察部長時代に防空演習で消防車に乗り込み軍用車を蹴散らしたこと、そして沖縄での牛島司令官に対する直言。これらを通してみると、島田の立ち位置が住民の側にあったことが見て取れる。

日中戦争の泥沼化を憂い、住民の頭上に爆弾が降ってくることを想定した防空演習に対して無言の抗議を示し、住民を巻き添えにする軍の作戦を愚策と直言する。それは、あの時代に常に住民目線で生きていた行政官の眼差しだったのではないか。視線だけでなく顔そのものを住民に向けていた住民目線の行政官の表現が、「本県には本県の事情がございます」という言葉に凝縮されていたように思える。

また、不合理、不公正を極端に嫌ったという。

「教育者が真面目すぎるというので校長になれないなんて馬鹿な話があるものか」と憤慨する島田。母校の神戸二中の先生で校長適齢期なのに、真面目すぎて政治性がないために、県がなかなか校長にしない、ということがあった。他の社会でならいざ知らず教育界でまじめで熱心だという以外に校長になるのに不足するものなどあってたまるものか、そういう考えだから教育が堕落するのだと憤慨し、実際に校長就任に奔走した。だがその先生は、地方の学校の校長にはなったものの、神戸市内の有力校の校長にはなれなかった。当局の考え方に島田は最後まで憤慨していたという。

三重県での警務課長時代には、高等農林学校の剣道部長の更迭に際し、疑問を持った島田が自ら調査して理由のない解任であることが判明、復職が実現したということもあった。

島田のこうした性格について、「話を聞いた以上、そしてそれが条理に合わないとじっとしていられない。フェアでないと考えられるやり方には人一倍我慢がならなかったのだと思う」、「多数のものが仕方ないと感化してしまうことでも、不合理不公正と考えるとき、敢然と立ち向かっていった。本来の性格がスポーツを通じて愈々磨きがかかったのだろう」などといった回想が残っている。当局者であっても、当局者の側に必ずしも立たない。それが行政官島田叡の姿だった。

開けっ放しの島田部長室

各任地での島田部長の、執務スタイルも異色だ。各府県の部長は、専用の部長室を持ち、秘書官や秘書役がついていた。島田はそこから先が独特だった。

まず、部長室のドアは常に開けっ放しだった。しかもドアには「ノックに及ばず」という紙が貼ってあった。電話中や、先客がいた場合の訪問客には、秘書官を通して「お待ち願ってください」と伝え、用件が済むと自ら控室まで出て行って「お待たせしました島田です、どうぞ」と迎えたという。部長室には村長や町長がよく訪ねてきたが、要談を済ませて帰る時には必ず庁舎の正面玄関まで同行して見送った。

沖縄着任の日の訓示で語った「明朗にやろう」は、決まり文句だった。また、自分の名前をもじって「シマッタ、アキラメタ」と連発して、よく周囲を笑わせている。

歩くのが速く、時間厳守だった。千葉県内政部長時代、船橋市の会合で定刻を30分過ぎて、「部長が来ない、こんなことでは困る」という声が上がったところ、隅の方で「部長は私ですよ」と国民服姿の島田が手を挙げた。その日、最も早く会場に到着していたのが島田だった。

たびたび、宴席を設けた。遠来の知人、友人をもてなすのはもとより、部下たちともよく飲んだ。「役所でも朗らかな方が宴席で『わが歌声の高ければ、酒に狂うと人の云う……』と高吟される頃には全くの書生気分」で、部長のえらぶった様子もなく若い職員と一緒に心から楽しんだという。そして、色紙に寄せ書きをした。島田自身は、野球のボールの絵を描いて、「叡」、「比叡山」などと署名していた。

座右の銘は「断而敢行鬼神避之」。断じて行えば鬼神も之を避く。学生時代から使っているこの言葉は、司馬遷の『史記』の一文である。一高との野球戦で東京に遠征した際に泊まった旅館の掛け軸に書かれていた言葉だ。時に、「断」の一字を書くこともあった。

島田の最後の部長ポストは大阪府の内政部長。大阪府のナンバー2である。1944年8月に愛知県から異動し、沖縄赴任まで半年に満たない在任期間だった。しかし、ここでも、象徴的な実績を残している。しかも、それ自体がさながら別れのセレモニーのようでもあった。以下に、内政部の部下だった鎌田博統計課長の日記を抜粋して引用する。

部下を信頼し内閣にも節をまげず

昭和19年（1944年）9月6日（木）「島田部長と大坂府の内政部各課長の懇親会があった。部長は折々この種の会を催し課長を慰安され、かつ、励まされた。宴たけなわに至れば床の間に部長が正座して『夕焼け小焼けの赤とんぼ負われて見たのはいつの日か』の童謡を歌われた。空襲下にあった私たちの心は、この時こそ部長を中心に和いだものである」

10月13日（金）「内閣の昭和19年第1回米予想収穫高報告書作製につき、提出した収穫高について再調査するよう電報があった。島田内政部長、重成《しげなり》（格《かく》）経済第一部長（後の鹿児島県知事、参議院議員、島田と神戸二中野球部の同期／著者注）を中心に協議した。府の結論を故なく訂正するものではないという結論だった。

翌日、内閣に返電、「府提出の統計は正確」。なお内容説明のため統計課員を内閣に出頭させた。戦争遂行上、国民生活に必要な米の収穫高は、特に軍にも最大の関心事であった。内閣が再調査を大阪府に依頼してきたが、事実を事実として統計すべきであり、我々統計製作者に対する部長の信念と信頼を思い出す」

　鎌田はこの日記をもとに、回想を記している。

「信念に生きて節を枉《ま》げない責任感の強い方だった」

「統計再調査の問題、戦時遂行上少しでも多く収穫されることは望ましい事柄ではあるが、正しいものは正しく報告されるべきであり、府の提出する統計に対し、その作製関係者を信頼され、府の威を守り抜かれた。これは当時、相当の勇気がなければできないことであった。そしてその責任を自分で引き受けられていた。部下として本当に信頼のできる上司であった」

　12月5日（火）の項には、こんな記述がある。

「島田部長宅へ野菜を持参。奥様は口にも出さず買い出しもせず配給に甘んじた食生活を課員が聞いたので課でお見舞いをした」

　12月11日（月）「内政部課長の忘年会　部長に真似て床の間に正座して歌い騒ぐ　部長例の赤とんぼ」

島田は、最後の部長時代、部下と「赤とんぼ」を歌って締めくくった。自身を赤とんぼになぞらえて、来し方行く末に思いを馳せていたかのようである。

再び鎌田の日記。明けて昭和20年の項から。

1月4日（木）「島田部長を中心に課長会議　緊張の中にも和気藹々なり」

1月10日（水）「島田部長を囲み親しきもの少数にて箕面《みのお》にて懇親す。その席にて沖縄県知事就任の話あり」

この後、島田は上京し、沖縄県知事の辞令を受け取る。1月12日のことであった。直前に、直属の部下たちには異動の内容を知らせていたのである。

東京で内務大臣から辞令を受け取った直後、後輩から声をかけられた。

「おめでとうと言いたいですが、大変なお役目でご苦労さまです」

島田の答えは、

「いや沖縄も日本の県だもの誰か行かなくちゃ」

全く「平常のままの島田さん」の答えが返ってきたという多くの証言が残っている。

辞令を受け取った島田は、食糧関係の部門に挨拶に行き、かつての任地だった千葉、愛知、大阪などを訪ねる。どこでも別れを惜しんで、送別会が催された。

大阪での送別宴では、当時の出征の際の風習にのっとって日の丸に寄せ書きという話になった。島田は宴会芸の十八番「てるてる坊主」を歌いながら、裸で踊った後だった。そして、「これに書け」と胸を突き出した。参加者は皆「よし、書こう」ということになって、島田の全身に直接筆をつけた。全員が書き終わると島田は、「とうとうみんなこんなに書きやがった」と呟いたという。ただの座興だろうか。むしろ当時の風潮を、生理的に嫌ったのかもしれない。

そして、

1月21日（日）「島田沖縄県知事上京中のところ帰阪、日曜日であるが一同喜んで内政部長室に参集、祝詞す。沖縄県統計報告書を差し上げる」

1月25日（木）「島田内政部長の送別会」

すでに発令後であり、1月21日の項には「島田沖縄県知事」とあるのに、1

月25日の項では「島田内政部長」となっている。鎌田にとって、そして内政部員にとって、島田は大阪府内政部長のままだったのである。その後も。

「アホの勉強をせい」

沖縄には、福岡経由での赴任だった。いつも隣に行くような身軽さで、異動の際には随員を伴うことを嫌った島田だが、この時には福岡まで大阪府職員の曽我新一秘書官が同行している。半年足らずの内政部長だった島田が、秘書官や部下たちによく語った言葉があった。

「アホの勉強をせい、人間アホになったら一人前や」

福岡に着くと島田は曽我に言い渡す。

「沖縄に行っても帰りの便が不如意だから、君に来てもらってもいつ帰れるかわからない。だからここで別れよう。家族のことを頼む」

そして、最後に付け加えた。

「アホの勉強を忘れるなよ」

家族は、夫人と2人の娘、17歳と14歳だった。家族はいずれも、沖縄県知事就任には反対だったという。悪いこともしていないのになぜ行かなくてはならないのかと問われ、「俺が行かなきゃ誰かが行くことになる、自分は行きたくないから誰かに行ってくれとは言えん」と語った家族とのやりとりが残っている。身近にいた秘書官に家族のことを託す言葉を語ったのは、島田の本音だっただろう。

福岡で島田は県警察部保安課長を務めたことがある。島田を追うように沖縄に赴任した毎日新聞の野村勇三那覇支局長によると、

「当時の役人には珍しい官僚臭のない明るくて朗らかな島田さんは十数年前につとめたところでも大変な人気があり、往時部下としてつかえた警察官や博多の街の人たちが、盛大な送別会を催した」

昭和20年1月31日、島田を乗せた飛行機は福岡県の雁ノ巣《がんのす》飛行場を飛び立った。制空権をすでに失った後の危険な空路だった。

野村支局長は2月9日に那覇到着、早速県庁に島田を訪ねたが姿はなかった。

食糧確保のため台湾へ飛んだ後で、とりあえず島内の半年分の米の買い付けに成功したという明るい情報が入っていた。加えて、まだ県の首脳部くらいしか顔を知らないはずなのに、島田の評判が「全島に響いていた」と驚きを書き残している。

評価を求めず、身命を賭して仕事をする

雁ノ巣飛行場を飛び立つ前、島田が手紙を送った人物がいた。佐賀市の曹洞宗龍泰寺《りゅうたいじ》の住職、佐々木雄堂《ささきゆうどう》である。手紙には、「沖縄県知事として単身で赴任するにあたり、手提げの中にはいただいた『南洲翁遺訓』と『葉隠』の二巻、このたびこそ心身をもって味わいます」と書かれていた。

避難していた那覇の壕で、読書する島田の姿を多くの人が目撃している。それがこの２冊だった。

その７年前、１９３８年１月に島田は、佐賀県警察部長に着任した。36歳の時である。龍泰寺は大隈重信の墓もある名刹《めいさつ》で、毎週土曜日に講話会が行われ

ていた。冬は午前五時、夏は午前四時という早朝の講和会に、島田はまめに通った。

夏と冬の休みに『日本及日本人』の主筆で、西郷隆盛を中心とする明治維新の研究家でもある雑賀鹿野《さいがしかの》が特別講座を行った。そこで、桐野利秋《きりのとしあき》と西郷隆盛《さいごうたかもり》の問答が紹介された。桐野が問う、「偉い人とは」。西郷が答える、「大臣とか大将とか地位の問題ではない。世間的な立身出世ではない。一言につくせば後から拝まれる人だ、死後慕われる人だ」

この講座が終わった後、島田が別室を訪れて訊ねた。佐々木雄堂の回想における島田の言葉。

「今夜は本当に痛棒を喫しました。中学時代から野球選手としてチヤホヤされていい気になり大学卒業後は官吏となって部下から頭を下げられてうぬぼれていました。アワのような人気、煙のような権力の地位、今後こうした臭みを一掃して、真の自己完成に精進します。その完成のため石川啄木の、『気持ちよく吾に働く仕事あれ　それをしとげて　死なんと思う』を座右の銘として実践したいと決心しましたが、これでいいでしょうか」と島田は問う。

　更に向きを変えて佐々木に、「老師、この答えをされた西郷先生ご自身の心境はどうだったでしょうか」と問うので、「雑賀先生の恩師で『元禄快挙録』の著者である福本日南先生歌っていわく、『後の世に語りつがれず祭られずさらすかばねもみやびなるらん』の心境です」と答えたところ、「わかりました」とニッコリ笑った。

「後の世に語られず祭られもしない、そういう生き方をめざす」という歌の意味、つまり評価を求めずに生きるということにわが意を得て、これが人生訓になった。

　島田が千葉県内政部長の時に秘書役だった山口久太が、大阪の内政部長だった島田に仕事上の不平を書いて相談した時に、「『こころよくわれに働く仕事アレ、それをし遂げて死なんと思ふ』でやれ」（本人回想のまま）という返事を受け取り、その温情に気持ちがさっぱりしたという。沖縄赴任直前に引用していることから、島田の人生訓はその後も一貫していたことがわかる。

佐々木雄堂は「島田氏のバックボーンを築いたものは、学生時代のスポーツによる鍛錬と学業終えてのち激職に任じながら、たゆまぬ求道的生活によって自らみがきあげたもの」と評している。

島田が赴任の荷物に拳銃と青酸カリを入れていた、『葉隠』と『南洲翁遺訓』を持っていった、仕事を成し遂げて死ぬ、という人生訓……。やはり島田は死ぬために沖縄に行ったのだ。そんな推論につながっていく事どもだが、そこには時代の空気もあったのだろう。

しかし、常に生還を目指した野球人、住民目線を貫いた行政官、その延長線上に死の追求があっただろうか。評価を求めず、身命を賭して仕事をする。その姿の方が今では明瞭に浮かび上がってはこないだろうか。

沖縄県知事島田叡は、異色の地方長官だった。しかし、それは突然の沖縄仕様を持ち込んだよそ行きの姿ではなく、一貫した倫理観の一本の線上の姿だった。

第5章　今をもって県庁を解散する

軍人と民間人が混在してしまった沖縄の悲劇

5月の沖縄は、梅雨のさ中である。昭和20年は、特に強い雨の日が多かったという。その中を、上陸したアメリカ軍が迫りくる。首里《しゅり》での籠城戦を放棄した第32軍は、本島南端の水際へ下がってアメリカ軍を引き付けようと移動を開始した。島田が最も恐れた事態が一気に進行し始めた。

南端の島尻《しまじり》は、立てこもる日本軍とこれを攻めるアメリカ軍が密集戦を展開することになる。そこには、多くの民間人がいた。軍民混在の中、島田知事はじめ県庁職員も南下する。そして、壕の中で後方指導挺身隊を結成し、懸命に県民保護に努めた。

しかし、壕そのものが軍民混在の状況になり、住民保護は困難を極める。市町村長会議で決定した3つの大方針のうち、士気高揚、食糧の夜間増産や確保は有名無実化し、残された任務は壕生活の指導だけだった。しかし、壕の確保も難しくなり医薬品も不足する中で、それすらも有名無実化していく。沖縄県知事島田叡《しまだあきら》は、苦渋の選択をすることになった。

県庁も南下、壕を転々としながら

島田叡沖縄県知事と荒井退造《あらいたいぞう》警察部長ら県庁の首脳は那覇市識名《しきな》の県庁警察部壕を出て、未明の闇の中を南下した。隣接する南風原町《はえばるちょう》を抜けて東風平村志多伯《こちんだそんしたはく》まで、直線にすれば6キロほどの距離だ。だが、舗装道路を歩くようにはいかない。アメリカ軍の砲撃でまばらになった林の中をぬって歩く。山道や足場の悪いところを選択することになっただろう。5月24日の早朝5時頃、志多伯の壕にたどり着いた。

ところが、この壕には二晩しか滞在できなかった。この壕から異動したはずの野戦重砲隊が、「新たな命令」で戻ってきたのだ。ここに野戦砲の砲列を作って敵を迎え撃つので、非戦闘員は移動せよというのだ。

5月27日、第32軍司令部は首里の地下壕を出て、摩文仁《まぶに》へ向かった。細々と新聞を発行していた沖縄新報の関係者も首里を脱出した。那覇無電局を軍が破壊したため、情報の入手、あるいは内地への無電による連絡も不可能になった。

島田らは同じ日に、高嶺村《たかみねそん》の大城森《うーぐすくのむい》の壕に移動し、複数に分かれて移動してきた警察部の別のグループと合流した。この一帯は、西側の糸満《いとまん》の海岸まで2キロ余りのところである。一方、島田の発案で組織した後方指導挺身隊は壕にたどり着けず、逆に東海岸に近い八重瀬岳《やえせだけ》の麓に着いた。ここは、日本軍の防御拠点の一つである。

大城森の壕にも、長くとどまることはできなかった。到着早々、今度は兼《かね》城村《ぐすくそん》の秋風台《しゅうふうだい》の壕、福地森《ふくぎのむい》の壕と移動が続く。その道々、至るところに遺体が放置されていた。島田はそのつどしゃがんで、遺体に向かって丁寧に合掌した。子供の遺体を前に、無念の表情で涙を浮かべていたのを、同行者たちは目撃している。

この頃、荒井警察部長の体調に異変が生じていた。沖縄新報の大城記者の記録には、「荒井警察部長は憂鬱な面を伏せたまま口をきかない。彼は頬は削がれたように肉が落ち『彼でなくては軍との交渉はつとまらぬ』と鮮やかなその凄腕を謳われた昔日の面影など微塵もなく、制服に日本刀を吊った姿は彼の憂悶にそぐわなかった」と書かれている。アメーバ赤痢の症状とみられていた。

「もはや組織をもって行動を続けることは不可能」

5月29日、島田知事、荒井警察部長、佐藤喜一特高課長、それに数人の警察部長らが与座岳《よざだけ》の陸軍壕を目指した。標高168メートルの与座岳に、陸軍第24師団の壕があった。今、航空自衛隊与座岳分屯基地があるあたりだ。ここに軍からの連絡で、県との会議が召集されたのである。

軍の方針は、この与座岳と八重瀬岳を拠点に反撃を試みる、つまりこの東西のラインを防御線にして、陸軍の主力が立てこもる摩文仁を守るということである。したがって南部の住民や逃げてきた人々を、このラインから北東方向に離れた知念《ちねん》、玉城《たまぐすく》へ向かわせよという。軍は住民がこの地域にいては作戦の邪魔になるというのだ。

島田の怒りが爆発した。同行者の話を総合する。

「邪魔とは何か。沖縄県民は皇軍を信じて従ってきた。これほどまでに県民を苦しめて、軍の打つ手はまったく不可解である」

軍は、知念、玉城を安全地帯、避難所に指定していた。ところが、この連絡は肝心の県庁に届いていなかった。島田の数々の住民目線の政策を見れば、避難所の指定を知っていて動かないわけがない。

「何故知らせなかったのか、住民の命を何と考えるか」と島田は詰問するが、この日はすでに陸軍司令部の主力部隊が摩文仁に入る予定日だった。時間がない。住民保護のための警察の警備隊の強化と、知念、玉城方面への住民の誘導を決定した。

５月31日、アメリカ軍が那覇と首里に突入し、首里城内に星条旗を掲げた。この時期に、警察官として最後方を移動していた西平守盛《にしひらしゅせい》さんは、那覇の南方でアメリカ軍と遭遇した。２００８年にインタビューした際に、その近くを案内してもらった。

そこは当時もかなり深い森だった。西平さんを先頭に、10人ほどで縦一列に歩いていた警察警備隊が、明け方近くに西の海が見える場所にさしかかった時、黄色の曳光弾《えいこうだん》が上がった。明るくなったその下にアメリカ軍の小隊がいた。「逃げろ」と叫んで西平さんは、とっさに左横の森に飛び込んで走った。時間をおいて元の場所に戻ると、部下たちは回れ右をした状態で、歩いてきた時とは反対方向に倒れていた。全員、即死だったようだと言う。

島田知事は決断した。後方指導挺身隊に指示を出す。

「もはや組織をもって行動を続けることは不可能。今後は3人から5人程度の小班に編成替えして犠牲分散に備えよ。挺身隊の任務は、住民とともに軍の指定した知念、玉城方面に向かい、住民を保護することにある。突破するのは危険だが細心の注意を払って行動せよ」

指示を受けたのは、後方指導挺身隊の久保田隊長、そして疎開担当の浦崎人口課長である。浦崎課長を指名したことは、象徴的である。この段階になっても島田の意識は、軍の命令に従うということではなく、軍の情報をもとに県庁の職務である住民疎開を進めるということだったのではないだろうか。軍政ではない、あるいは、住民を軍の命令の下には絶対に置かないという島田の声が聞こえてくるようだ。

島田は残り少ない煙草「金鵄《きんし》」を、久保田と浦崎に1本ずつ渡した。6月3

日のことである。これは島田の直属組織であった後方指導挺身隊の、事実上の解散といえる。そして、住民とともに安全地帯で「生きろ」という命令でもあった。２人を見送るにあたり、島田は目の前の川に誘った。

「人口課長、久しぶりに水浴びしようじゃないか」

報得川《むくえがわ》という川が流れていて、連日の雨で水量が増していた。そこで、実に気持ちよさそうに水浴びしたという。禊《みそぎ》の意味も含んでいたのだろうか。川から上がった島田は、いつも通りの口調で声をかけて見送った。

「元気で行こう」

沖縄県庁最後の日

６月３日、島田は腹心の部下２人を送り出した。そして自らはこの日に、彼らとは反対の方向へ向かった。たどり着いたところは、真壁村伊敷《まかべそんいしき》の通称「轟《とどろき》の壕」。現在は糸満市となったこの場所は、西側の海に近い台地にあり、周辺にサトウキビ畑が広がる一方、壕の入り口は深い森に囲まれていたという。島田たちが着いた頃は、まだそれに近い風景が残っていたようだ。

　台地の森が裂けたような険しい傾斜を、30メートルほど下る。今では、コンクリートの階段と手すりが設置されているが、かなり危険な岩場である。元沖縄県庁職員山里和枝《やまざとかずえ》さんの案内でこの道を下った時、ちょうど中ほどのところで山里さんが立ち止まった。左手に、大きな空洞が崩れたようなところがあり、御供え物や千羽鶴が置かれていた。この自然壕は、3階建ての構造になっていて、立ち止まった場所はかなり崩れていたが、当時の出入り口の一つだったという。山里さんはそこで手を合わせる。呟きが耳に入った。

「私だけ生き残ってしまってごめんなさい」

　さらに下っていくと、漏斗《じょうご》の口のような壕の入り口があった。ロープが設置されているが、人が一人通るのがやっとの広さの上、滑って危険だ。激しい雨の季節、ここを島田や荒井が通って降りていった。

　壕に入ると次第に水の音が強くなり、降り立ったところでは、大きな声で話さないと隣にいる人の声も聞き取りにくい。壕の中を川が流れているのだ。この川の音が、「轟の壕」という通称になったという。

天井の低い自然壕の中は、川の右側が広間のようになっている。出入り口に近いところが島田知事のいた場所で、他の県庁幹部はさらに右奥に詰めていた。

「私のいたところはこちらでございます」と言って、山里さんは川沿いに左奥に向かって歩き始めた。壕は急に細く、トンネル状になる。右側には川が迫り、左側には壁。そこに小さな石像、小銭の入った茶碗のようなものも置かれている。細くなった壕が、再び広くなっていくところで、山里さんが足を止め、足下を指さした。

「この辺でございました。この辺と思います。赤ちゃんの泣き声がうるさい、敵に気付かれるから泣きやませろと……、兵隊が銃を持って。しばらくすると泣き声が

山里和枝さん（旧姓伊波《いは》）2008年、轟の壕で語った場所はかつて島田知事と別れたところだ

やみました。おしめを赤ちゃんの口に入れてお母さんが抱きしめていたら静かになって……。お母さんは座り込んだままでした」

その細い通路状のところに、大勢の人がひしめいていたという。いい場所は軍人が取っていたと言いながら、山里さんはさらに奥に進んでいく。しばらく行くと、目の前に突然、大きな空間が広がった。

「あのあたりだったでしょうか、私がいたのは」、山里さんが指さした場所は中央の中段あたりである。この壕全体に約千人、この〝広間〟に700人くらいの人がいたのではないかという。しかも、そこには一筋の光も入る余地はない。私たちは撮影用の照明を使っていたが、それでも息を呑むような光景だ。当時は、文字通りの暗黒。そして、出口に近い狭くなった場所は、軍人が占めていたという。試みに照明を消し、当時の光景を想像してみる。

壕内の川は、かなりの急流である。この広いスペースに反響して、不気味な音をたてている。梅雨の強い雨で、当時はかなりの水量だった。壕内には日々、負傷者が運び込まれ、そして息絶えていった。死者は、壕内の川に投げ込まれたという。この川は壕を出ると、西側の海につながっている。投げ込まれた遺体が、発見されることはなかった。

ここにいた兵士は、島田たち県庁職員や住民を追い出すことはなかった。重武装した部隊が作戦展開しているわけではなく、事実上は敗残兵に近い状態だったからだ。しかし、その分、軍民混在となったことによる悲劇が多発した。山里さんを含め、避難していた住民は否応なく、その目撃者となった。山里さんは、轟の壕での日本兵の姿が忘れられないという。

「砂糖がほしいほしいと行って飛びついて殺された子がいたのです。黒砂糖を奪った兵隊に、取り返そうと飛びかかって、撃ち殺されました。このあたりにいたと思います」

壕は、住民にとって安全な場所ではなかった。沖縄には、「軍隊は住民を守らない」という、今に伝え続けられている言葉がある。軍民混在となった戦場で、敗残兵たちが住民に何をしたのか、根拠になった証言の記録が市町村に残されている。それはほぼ、山里さんの目撃談と共通する。

「避難民はみんな『声を出すなよ。声を出すと大変だよ』と言い合うんです。兵隊たちは、銃剣ですか、あれをガチャガチャさせながら、大声で『子どもは戦争の邪魔者だ。殺してやるぞ。子どもを泣かすと誰でもいいから殺してやるぞ』と言って……」

兵士たちは、すでに指揮系統を失っていた。迫りくるアメリカ軍は、彼らにとっても恐怖だっただろう。だが、彼らは住民保護という観点は当初から持っていない、否、持たされていなかった。軍の方針は「軍官民共生共死一体の原則」、文字通り軍が先頭で、軍が官も民も含めた生死の権限を持つというものであった。最終的には「玉砕＝死ぬこと」を前提にした軍人、しかも彼らは武器を持っている。住民は、アメリカ軍と向き合う以前に「日本」と向き合って緊迫した状況にあった。

島田知事以下の県庁職員、警察部員は、こうした状況下の轟の壕に入った。6月3日から5日頃のことであった。

「沖縄県民斯ク戦ヘリ」

第32軍の南部への撤退を、島田たちは警察官の情報で把握するしかなかった。轟の壕に至る道筋で、右側、すなわち西側に思いを馳せる余裕はあっただろうか。小禄《おろく》地区、今の豊見城市《とみぐすくし》の高台の地下に、海軍司令部の壕があった。そこでは、島田と「肝胆相照らす仲」だった大田実《おおたみのる》司令官が指揮をとっていた。

島田たちが轟の壕に入った頃、アメリカ軍は上陸部隊の南進と別に、那覇の南西からも上陸した部隊が進出し、小禄の海軍部隊は孤立状態になっていた。大田司令官は、6月5日に陸軍の牛島満《うしじまみつる》司令官に「訣別の親書」を送った。「竹槍で戦え」と言われて赴任した大田は、結末を迎えつつあった。

第32軍が摩文仁に南下する中で海軍部隊だけが孤立したのは、前方で防御戦を展開したからではなかった。大田の三男、落合畯《おちあいたおさ》さんは、「連絡不十分」と分析する。南部への撤退を決定した陸軍の作戦会議を、海軍は知らされていなかった。海軍部隊は先行して南下したのだが、「時期尚早」という陸軍の判断で小禄に取って返した。そして、陸軍が南部への撤退を決定し、これを掩護《えんご》せよという連絡が来た時には、すでに孤立して動きが取れない状態になっていた。陸軍のサポートが任務だったが、陸軍と意思疎通ができなかった結果だった。だが、「訣別の書簡」には、そうした内容は一切ない。

「わが海軍部隊の掩護作戦は、よくその目的を果たしたものと認める」

「わが部隊に課せられた主任務を完遂した今日、思い残すことなく残存部隊を率いて小禄地区を頑守し武人の最期を全うする考えである」。

6月13日深夜、大田司令官は、「陸軍部隊の健闘を祈る」という打電を最後に自決した。

海軍部隊の首脳は、結果として小禄の海軍壕を出ずに自決し、陸軍と異なる展開となった。大田は「住民が避難している壕に行くのは忍びない」と言っていた、そういう証言が残っている。それも、小禄での「玉砕」につながった一因かもしれない。

大田実もまた異色の人だった。状況判断も冷静だった。塹壕の構築で畑を踏み荒らしたことを農民に詫びた率直さは、島田同様、沖縄向けの急ごしらえのものではなかった。自決の前に、大田は歴史に残る次のような電報を打っていた。6月6日のことである。

発　沖縄根拠地隊司令官　宛　海軍次官

左ノ電……次官ニ御通報方取計《とりはからい》ヲ得度《えたし》

沖縄県民ノ実情ニ関シテハ県知事ヨリ報告セラルベキモ
県ニハ既ニ通信力ナク　三二軍司令部又通信ノ余力ナシト認メラルルニ付
本職県知事ノ依頼ヲ受ケタルニ非《あら》ザレドモ　現状ヲ看過《かんか》スルニ忍ビズ
之《これ》ニ代ッテ緊急御通知申上グ
沖縄島ニ敵攻略ヲ開始以来《いらい》　陸海軍方面　防衛戦闘ニ専念シ
県民ニ関シテハ殆《ほとん》ド顧《かえり》ミルニ暇《いとま》ナカリキ
然《しか》レドモ本職ノ知レル範囲ニ於《おい》テハ県民ハ青壮年ノ全部ヲ防衛召集ニ捧ゲ

残ル老幼婦女子ノミガ相次グ砲爆撃ニ家屋ト財産ノ全部ヲ焼却セラレ
僅《わずか》ニ身ヲ以テ軍ノ作戦ニ差支《さしつかえ》ナキ場所ノ小防空壕ニ避難
尚　砲爆撃下……風雨ニ曝《さら》サレツツ　乏シキ生活ニ甘ンジアリタリ
而《しか》モ若キ婦人ハ率先軍ニ身ヲ捧ゲ　看護婦烹炊《ほうすい》婦ハモトヨリ　砲弾運ビ
挺身斬込隊《ていしんきりこみたい》スラ申出ルモノアリ
所詮《しょせん》　敵来リナバ老人子供ハ殺サレルベク
婦女子ハ後方ニ運ビ去ラレテ毒牙《どくが》ニ共セラルベシトテ
親子生別《いきわか》レ　娘ヲ軍衛門ニ捨ツル親アリ
看護婦ニ至リテハ軍移動ニ際シ　衛生兵既ニ出発シ
身寄《みよ》リ無キ重傷者ヲ助ケテ……　真面目《まじめ》ニテ
一時ノ感情ニ駆《か》ラレタルモノトハ思ハレズ
更ニ軍ニ於《おい》テ作戦ノ大転換アルヤ　自給自足
夜ノ中ニ遥ニ遠隔地方ノ住民地区ヲ指定セラレ
輸送力皆無ノ者　黙々トシテ雨中ヲ移動スルアリ

之ヲ要スルニ陸海軍沖縄ニ進駐以来
終始一貫　勤労奉仕　物資節約ヲ強要セラレツツ
只管《ひたすら》日本人トシテノ御奉公ノ護ヲ胸ニ抱キツツ……
遂ニ……与ヘ…コトナクシテ
本戦闘ノ末期ト沖縄島ハ実情形……一木一草焦土ト化セン
糧食《りょうしょく》六月一杯ヲ支フルノミナリト謂《い》フ
沖縄県民斯《か》ク戦ヘリ　県民ニ対シ後世特別ノ御高配ヲ賜《たまわ》ランコトヲ
（……は原文の判読不明部分）

この電文は、今の政治家などによって度々引用される。最近では、2012年6月23日、沖縄の平和祈念公園で行われた沖縄全戦没者追悼式で、野田佳彦総理大臣が引用した。しかし、だいたい最後の一文だけである。しかもそれが全文であるかのように、独り歩きしがちだ。この電文が歴史に残るものになったのは、何といっても冒頭の書き出しに理由がある。
「沖縄県民の実情については県知事が報告するべきだが、県庁には既に通信手段がなく、第32軍司令部にも通信の余力がないと思われるので、私は県知事の依頼を受けたわけではないが、知事に代わって緊急にお知らせする」

大田は、自らの上官である海軍次官に対して、海軍沖縄方面根拠地隊の実情ではなく、県知事が内務省に報告すべき県民の実情を報告したのである。島田と連絡を取った上でのことではない。島田知事はこう伝えたかったであろう、島田知事なら当然このように伝えただろうという内容を、大田が慮《おもんぱか》って以下に切々と伝えるのである。

「県民のうち、青年、壮年の男子は全て軍の召集に捧げ、残された老人、子供、女性は相次ぐ砲撃、爆撃で家や財産の全てを焼かれ、軍の作戦行動に支障のない場所にある小さな防空壕に避難した。そのうえ、砲撃や爆撃の下で風雨にさらされ、乏しい生活に甘んじるしかなかった。それでも若い女性は率先して軍に身をささげて、看護や炊事はもとより、砲弾の運搬や捨て身の斬り込み隊参加を申し出る者もいた」

水交社でのたった一度の宴席で、大田と島田は、この電文のような会話を交わしていたのかもしれない。次の一文は、大田の思いそのものである。島田の姿を思い浮かべていたのだろうか。

「さらに軍が作戦の大転換をすると自給自足し、夜のうちにはるか遠くの地区に行くことを命じられると、輸送手段が全くないために黙々と雨の中を移動する者がいた」

軍の「作戦ノ大転換」という表現は、意味深長である。島田知事に代わってと言いながら、南部への撤退、軍民混在の現状を指摘しているのだ。陸軍の作軍の作戦、南部撤退を批判しているようにも読める。そして、

「要するに、陸軍と海軍が沖縄に進駐するようになってからは終始一貫して、勤労奉仕と物資の節約を強要されながら、ひたすら日本人としてご奉公する気持ちを胸に抱いて……」

「沖縄は草木のない焦土と化した。食糧は6月いっぱいしかもたないという。沖縄県民はこのように戦ったのだ。県民に対して、後世、特別の配慮をお願いしたい」

私たちは、轟の壕、豊見城（小禄）の海軍壕に入り、あらためて電文を熟読した。確認したことは、これは島田の思いそのものだということだった。3ヵ月前、たった一度しか会ったことのない2人の間で通じ合ったもの、それがこの電文に込められている。軍に対する自己批判ともとれる内容もある。与座岳の陸軍壕で行われた軍民会議で、島田が発した怒りの発言と重なって聞こえる。島田が警察特別行動隊を編成して、東京の内務省に伝えようとした報告が、まさにこの電文の内容だった。

大田は島田を忘れなかった。水交社の夜を思い出していたのだろうか。それ以外に2人の接点はない。

無事で良かったとのねぎらい

海軍の病院壕に派遣されていた山里和枝さんは、海軍の兵士に伴われて轟の壕に入った。大田司令官は、「派遣」の約束を守った。大田は自らの自決に際し、県庁から応援に来ていた山里さんたちを島田のもとに帰したのだ。島田の前で復命する海軍の兵士の後で、山里さんは小さくなっていたという。

「お国のために死んできますと言って出ていったのに、生きて帰ってきてしまいました。長官、申し訳ありませんと報告いたしました。恥ずかしくて、恥ずかしくて、小さな声で……」

　ところが、島田からは意外な言葉が返って来たという。

「何言ってるんだ。無事で良かった。実家に帰ってきたようなものじゃないか。しばらくここでゆっくりしなさい、そうおっしゃって。それで、数日の間、長官のおそばで過ごしました」

　山里さんがいた海軍病院壕は、大田のいた海軍司令部壕の南西にあった。司令部壕を見上げる方向だが、今は崩落して「あのあたり」という崖があるだけだ。山里さんはそこでも、18歳の少女には過酷な現実と向き合ってきた。

「治療と言っても、薬もない、お医者さんも少ない。お母さん、お母さんとうわ言を言っている兵隊さんの手を握って、しっかりしてと言うくらいしかできません。お医者さんがもうだめだと言うと、まだ息があるのに穴の中に放ったり。私たちにはどうすることもできませんでした。助けを求めてきた人に、ここはいっぱいだから入れないと追い出して、その人がフラフラと歩いて行った方向が敵のいる海の方だと、そっちへ行くなと。それでも止まらなかった人を兵隊が銃で撃って……」

こうした状況を、山里さんは島田に語ることはなかった。島田も訊ねたりしなかった。とにかく休みなさいと言われ、山里さんはじっとしていたという。

そこへ15人くらいの日本兵が現れた。その振る舞いは、先述の通りである。島田は不快感を隠さず、煙管を空き缶にたたきつけて、無言の抗議をした。そばにいた隈崎俊武《くまざきとしたけ》輸送課長は、その様子をこう詠んだ。

「ほの暗き壕の奥よりカチカチと知事の吸うらし煙管《きせる》の音する」

島田には、警察官たちが伝える戦況が届いていた。それは命がけで届けられた、最前線の情報である。壕の中を流れる川には、息絶えた住民の遺体が流れることが多くなった。島田は決断した。

「今をもって県庁を解散する」

その日、その時を記憶していた人は、島田の「険しい」表情にただならぬものを感じていた。島田は壕の中で、近くにいた県庁警察部職員の前で、口を開いた。

「激しい戦火の中、県民のため、沖縄のために、ともによく戦ってくれた。心から感謝しています。ありがとう」

次の言葉は、誰も予期していなかったことだった。

「今をもって、警察部を含む沖縄県庁を解散する」

長い沈黙があったという。

「長官。我々はこれからどうすれば……」

答えた島田は、牧師のような、あるいは、僧侶のような穏やかな表情だったという。

『これからは、自由です。あなた方に命令を下す者はいません。一番大切な、自分の命を守ることに、力を尽くして下さい。どうか沖縄のためにも、皆、生き長らえてほしい』との真意が解散宣言にはある。

言うまでもなく、島田に県庁を解散する権限はない。だが、行政といえるものはもはや行いようがない。県庁解散を宣言した島田の真意は、「生きろ」というメッセージの伝達だった。それを命令の形で伝えたのだ。今後は誰に従うこともない、自分のことだけを考えろというのは、数日前に別れた浦崎人口課長への指示と同じ内容だ。これを、県庁職員全体に伝えたのである。

警察特別行動隊の東京への派遣、生きろという伝言、その背景には「実情を伝えなくてはならない」という島田の使命感があったと考えられる。沖縄戦の「正史」を残そうと考えたのかもしれない。「生きろ！」。玉砕一色の時代に、公職にある者が絶対に言ってはいけない言葉を、島田は伝えた。

島田が県庁解散を宣言した、轟の壕に立ってみた。大声を出さなくては聞こえないような、壕内の川の音。そこで、多くの職員に聞こえる声で語った島田は、常にない大きな声だったのだろうか。山里和枝さんは、それを聞いていなかったか、子供だったので意味がわからなかったのか、記憶がないという。しかし、島田のメッセージを最も鮮烈に聞くことになったのも山里さんだった。

島田が轟の壕を出たのは、6月14日の早朝だった。県庁解散を宣言した後、さらに情報収集を続け、第32軍司令部が摩文仁にあることを確認し、そこへの移動を決める。その真意についても諸説あるのだが、県庁解散宣言をしても自らが轟の壕にとどまっていれば職員たちは動けない、彼らを名実ともに自由にするために出ていくことを決意したというのが、最も納得のいく見方だ。

轟の壕を出るにあたり職員、特に警察部員には、身分を示すような徽章や胸や腕などの標識を全てはがし、焼き捨てて、一県民として投降せよなどと細かい注意を与えた。アメリカ軍は、降伏する者は保護するが、投降しない者は兵士も非戦闘員も区別なくことごとく射殺していると、情報を得ていたからである。

朝、水を汲んで壕に戻ろうとした山里さんは、壕を出て早足に登ってくる島田と遭遇した。3人の職員が随行していたはずが、山里さんの目に入ったのは島田だけだった。

「長官、どちらにお出かけですか？」と、山里さんは軽い気持ちで訊ねた。

島田は答えた。

「陸軍の壕に行って、軍と行動を共にします」

意味がわからず、言葉を発せずにいた山里さんに歩み寄ってきた島田は、山里さんの右肩を左手でつかみ、力を込めた。

「いいかい？　アメリカ軍は君たち女、子供には何もしない。だから必ず手を挙げて出るんだ。決して友軍と行動を共にしてはいけないよ。いいね」

そう言い残すと島田は、足早に登っていった。山里さんは、その後ろ姿を呆然と見送った。我に返った山里さんは、島田が消えた崖の上に向かって呟いたという。

「私たちはお国のために死ねと言われてきたんです。それなのに長官は、生きろとおっしゃるんですか？」

山里さんが島田と行き合った場所は、轟の壕の出口を少し上ったところだ。山里さんはしばらく身動きできずにいたという。

「最初に思ったのは、ああ、これで長官とはお別れだなということです。それからいろいろなことを考えました。長官も手を挙げて出ていきなさいと言う、もう終わりだねと思いました。でも、捕虜になってはいけないと教えられていましたから、ああ、もう死んでもいいやと思って壕の奥に寝そべって2週間ほど何もせずに伏せっていました」

山里さんが島田のメッセージの意味に気付くまでには、戦後10年ほどを要したという。しかし、「生きろ」というメッセージは強烈だった。今、その意味を語る一方、轟の壕で「私だけ生き残ってごめんなさい」と呟き続ける山里さん。2人の自分が同居して、戦争は今も終わっていない。

島田叡の歩いた道

轟《とどろき》の壕から摩文仁に至る道筋は、惨状の軌跡でもある。住民の大半が亡くなった集落、多くの命が失われた壕、慰霊碑の立つ場所もあれば、関係者しか知らない場所もある。焼け残った数少ない民家があり、観光スポットの食堂などになっているところもあるが、立ち寄る観光客は由来を知らない。

現在では、轟の壕も摩文仁も糸満市《いとまんし》に属している。国道３３１号線で５キロほどの距離だから、車ならば15分ほどで移動できる。しかし、島田が歩いた道は森の中、サトウキビ畑の中だった。しかも砲撃や爆撃で焼けただれ、白いサンゴ礁の台地がむき出しになったところもあった。そうした場所からは否応なしに海が目に入った。今ののどかなダイビングスポットの海ではない。アメリカの艦艇で真っ黒に見えたという海である。

現在の国道を挟んでひめゆりの塔とは反対側に、陸軍の病院壕があった。そこに最年少の軍医がいた。長田紀春《ながたきしゅん》さんは、南風原《はえばる》にあった陸軍の病院壕を撤収して南下してきたが、南風原を出る時、上司から医師として耐え難い命令を受けた。

「重傷者の枕元に一包ずつ置いてきなさいと言って、甕《びん》に入った白い粉を渡されました。青酸カリだなとわかりました」

自力で動けない重傷者は、撤退の際に移動の妨げになるので、暗に自決を求めよということだ。これは軍全体の方針だった。しかし、長田さんはその命令に従わなかった。軍医として命令に従うより、医師としての良心に従ったのだ。

「できませんでした。やはり医師として始めたばかりでしたし……」

国道をさらに東へ向かって進むと、摩文仁岳が見えてくる。第32軍司令部はその頂上近く、海に面したところに開口部のある自然の洞窟に戦闘司令部を置いた。5月27日に首里《しゅり》を出た牛島満《うしじまみつる》司令官らは6月1日にここに到着、最大20万だった兵力は3万に減っていた。しかも、その半数は臨時召集の県民だった。長田紀春さんも、同じ頃に摩文仁に移動した。

そこは司令部壕ではなく、摩文仁岳北麓の自然壕で、ちょうど現在の平和祈念公園を見下ろす位置である。ここは軍医部壕と呼ばれ、多くの負傷者が収容されていた。長田さんは「転勤」と苦笑する。人が一人通るのがやっとの狭い壕は、奥に進むと広いスペースがあった。若い長田さんは、入り口付近に膝を抱えて座っていることが多かったという。

そこへ、島田がやってきた。そして、道案内をしてきた同行の職員に別れを告げた。6月16日のことである。

「今までいろいろとご苦労だった。何もあげられるものがなくて気の毒だが、これを受け取ってくれ。使えるかどうかわからないが、僕が持っていてもしょうがない」

と言って、持っていた現金を渡したという。（山川泰邦著『秘録沖縄戦記』）

早朝のことで、爆撃がひどくなる前に早く帰れと命じたともいわれる。

その様子を見ていた長田紀春さんは、こう語る。

「知事が、もう帰れと言われるんですね。一般の住民、家庭に帰れと言うんですよ。偉いですよねえ、実にヒューマニズムの方ですよ。勇気のある方だった」

島田と荒井の最後の姿

アメリカ軍の侵攻は早かった。小禄《おろく》の海軍部隊を孤立させると、八重瀬岳《やえせだけ》の日本軍の拠点に一気に迫り、6月10日には牛島満司令官宛にバックナー中将が名誉ある降伏を勧告する。13日、大田実《おおたみのる》司令官はじめ海軍部隊首脳が自決、16日に島田が摩文仁に着いた時には、アメリカ軍は与座岳《よざだけ》の日本軍防御線を突破、すぐそこまで迫っていた。

長田紀春さんは、アメリカ軍の姿を見た日のことをはっきり記憶している。

「そこら辺にあった銃を、ぱんと撃ってみたんですよ。そうしたら、その何十倍も弾が返ってきました」

体調を崩していた荒井警察部長は、遅れて18日に摩文仁に到着、島田と合流した。激しい下痢に悩まされていた荒井は、腹を持ち上げるように白い布を体に巻いていたという。

翌19日、島田と荒井は司令部壕に牛島司令官と長参謀長《ちょう》を訪ねた。軍医部壕から司令部壕へは、崖の割れ目を通路にして、多くの人が行き来していた。島田たちも、この道を通ったのだろう。

　軍の南部への撤退に強硬に反対したのに、牛島には聞き入れられなかった。結果として、多数の住民を戦闘に巻き込んだ最悪の事態を目の当たりにしている。島田と牛島との面会は、想像するだけでも鬼気迫るものが感じられる。だが、きわめて静かな会話だったと伝えられている。県庁を解散してきたので行動を共にしたいという島田に、軍人でない知事がここにいる必要はないと牛島が答え、島田と荒井は軍医部壕に戻った。

　18日には、牛島に降伏を勧告したアメリカ軍司令官バックナー中将が、日本軍の砲撃で戦死、6月23日、牛島司令官と長参謀長が自決、沖縄戦の組織的戦闘は終わった。島田たちは、どうやってそれを知ったのだろうか。再び長田紀春さんの記憶。

「上（司令部壕）の方から、お手伝いの女性が4人ほど降りてきて、軍医部壕にやってきました。ただならぬ気配で、お前たちはもうここにいるなと言われてきたと。ああ、牛島司令官が自決されたんだなと思いました。すぐ戻ってくるから、早まってはいけないよと言ったのですが。1時間ほどして戻ってきたら、毒を飲んで……、横に並んで死んでいました」

組織的戦闘は終わったが、アメリカ軍による掃討戦は続いていた。軍医部壕の周りは、日中はアメリカ軍の戦車が走り回り、壕を見つけると銃撃したり手榴弾を投げ込んだりしていた。軍民混在となった摩文仁は、敵味方なく死体が折り重なり、「虐殺の広場」と形容された。海にも多くの死体が浮かび、「赤い海」と言われた。そんな中で、島田と荒井はじっとしていた。

長田さんによると、島田と荒井は何事か相談しているようだったという。

「真っ暗な壕の奥の方にいらっしゃるので、何を話しているのかはわかりませんが、お元気な声だなという印象でした」

一両日で、アメリカ軍の戦車の音が消えた。掃討戦の主眼が、次第に摩文仁の丘以外の地点に移りつつあった。長田紀春さんは、この時を待っていた。軍医部壕には、水がなかった。数日間の状況は、水を汲みに行くどころではなかった。摩文仁は、東側の崖の途中に、湧水が出ているところがある。付近の住民が実際に使っていた、生活用水である。それを飲みに行くチャンスをうかがっていた。

6月26日、暗くなるのを待って長田さんは軍医部壕を出た。海岸線に向かって歩き出したのだが、何日も水を飲んでおらず朦朧《もうろう》とした状態だった。足がもつれて倒れてしまう。そこへ、後ろから足音が聞こえてきた。島田と荒井だった。島田に北へ進むべきか、どちらに行くべきか、と問われ、こう答えた。

「玉城《たまぐすく》方面に行って下さい、あそこはなんとか行けそうだから。アメリカの軍人も昼間も少しはおるけど、糸満方面よりは手薄だから、そこへ行って下さいと。そうしたら君も一緒に行こうと言われましてね。

摩文仁から玉城に続く海岸線。２人はどこまで歩いたのか……

私は水をほとんど飲んでいないのでふらふらですから、海岸の方に行って水を飲んだら追いかけていきます。どうぞお先に行って下さいと言ったら、わかった、先に行くから後で会おうと。それで知事と警察部長は歩いていったんですよ」

摩文仁の平和の礎《いしじ》の東側、海に近い場所である。そこで長田さんは、2人が歩いて行った方向を指した。北に向かった海岸線は、道のある場所ではない。当時はアメリカ軍による掃討戦も続いている。海岸線の自然の洞窟に、アメリカ軍が火炎放射を浴びせている写真が平和祈念資料館に残っている。

2人の足取りはしっかりしていたという。「のどが渇いて朦朧としていた私より、荒井部長もはるかにしっかりした足取りでした」と、長田さんは話す。

ところが、

「その先がわからない。水を飲んでそのあとを追いかけていったんですけどね、玉城まで行っても知事に会わない、警察部長とも会わない。どうなったのかわからないんです」

島田と荒井の姿は、闇に消えた。未だに消息はつかめない。島田叡の道はどこへつながっていたのだろうか。

最後まで島田知事についていこう

２０１３年2月、ＴＢＳラジオの「土曜ワイドラジオ東京　永六輔その新世界」で、スタッフの一人がニュース解説コーナーの時間に島田叡を紹介したところ、リスナーから電話がかかってきた。

「私の岳父は沖縄県庁の職員で、轟の壕で島田知事と水杯《みずさかずき》で別れました」

早速、お訪ねした。南極観測船「宗谷《そうや》」の乗組員だった我妻政利《わがつままさとし》さん。夫人の父が、当時の沖縄県警察部の佐藤喜一特高課長だった。宮城県出身で、警視庁の警察官から内務省職員として沖縄に赴任していた。島田知事のもとでは、第32軍の方針を探るために首里の地下壕に通うなど、重要な職務を担っていた人物である。

１９４５年6月の、轟の壕に話を戻す。県庁警察部の多くの職員が身を寄せた轟の壕だったが、島田叡知事を追って荒井退造警察部長が出た直後、陸軍兵士十数人がやってきた。

彼らは壕の奥に住民を押し込めて、自分たちは出入り口に近いところに陣取って、住民の投降を阻止した。先述の、山里和枝《やまざとかずえ》さんの証言通りである。同じ日に、アメリカ軍部隊が到達し、壕を攻撃し始めた。いわゆる「馬乗り攻撃」である。ガソリンの入ったドラム缶に爆薬を入れ、壕に落とし込むのである。軍民区別なく死傷者が出ていた。

この壕の「地下二階」のところに、佐藤特高課長と親友の宮城嗣吉《みやぎしきち》海軍上等兵曹がいた。佐藤と宮城は、「戦場で行方不明になったらお互いに捜し合おう」と約束した仲で、島田、荒井とも親しかった。轟の壕に至る前、秋風台《しゅうふうだい》の壕にいた島田らを宮城が訪れ、自分の妻を置いて後を託していたのだ。轟の壕で再会した宮城は、島田らが約束を守って妻を保護してくれたことに礼を言うと、島田は、「良かった、良かった。奥さんのためにも命を大事にしなさいよ。生きることが大切だ」と喜んだという。

我妻さんは、佐藤特高課長の資料をファイルにして、孫たちに伝えるための教材にしている。後に宮城嗣吉本人の案内で轟の壕も訪れ、宮城が生前に語った内容もファイルしている。その資料や現地に残る証言を総合すると、壕に来た陸軍部隊の責任者は「大塚曹長」。その振る舞いに業を煮やした隈崎俊武《くまざきとしたけ》輸送課長らが、女性と子供だけでも投降させるよう交渉したが、出ていくなら撃ち殺すと言う。「友軍との持久戦」、そんな言葉が証言として残っている。

一方、宮城は壕内の川に沿って脱出、アメリカ軍側と夫婦で交渉した。他に、壕を出てきた住民もいたという。そして、壕の中の状況を説明して、それ以上の攻撃をやめさせた。木々に覆われていた壕付近の風景は火炎放射で一変、「一木一草」すらなかった。

宮城らが壕に向かって投降を呼びかけ、壕内では隈崎課長や佐藤課長が陸軍兵士と住民の間に入った。そして、6月24日と25日の2日がかりで、およそ600人の避難民が救出された。山里和枝さん、隈崎課長もこの中にいた。アメリカ兵は、壕内に日本兵が隠れていると判断し、保護された住民に聞いた。「日本の兵隊、生かしますか、殺しますか」。住民が「殺せ、殺せ」と言い、爆雷が投下された。

宮城が気になったのは、佐藤課長の姿が確認できないことだった。佐藤は、島田から特命を受けていた。「県の重要資料や機密費数万円の入った鞄を東京の内務省に届けよ」、つまり島田は佐藤にも「生きろ」と伝えていたのだ。そして、壕を出ていく直前、湧水でたてたお茶で「水杯」を汲み交し、佐藤らに別れを告げた。

数日後に、宮城は再び轟の壕に入った。しかし、全く人影はなかった。島田が佐藤に託したはずの鞄も見つからなかった。住民の盾になり、兵士に撃ち殺されたのではないか、そして、壕内の川に投げ込まれたのではないかと、宮城は我妻さんに伝えたという。「自分が残るから住民を出してやってくれ」と佐藤課長は兵士を説得し続けていた。

陸軍の兵士たちはどうしたのか。投降する住民は撃つと言いながら、実は住民に紛れて脱出していた。収容所で、大塚曹長の姿を目撃した避難住民がいた。

こっていた。
「軍は住民を守らない」、そういう言葉が語られる事態が、短期間に集中して起
一方で、「一人でも多くの住民を救う」という島田の思い、島田イズムとい
うべきものを、部下たちは忠実に実行し続けていた。あるいは、「生きろ」と
いう言葉を無意識に命令と受け止めたのかもしれない。我妻さんは、岳父の最
後の日々について、こう語った。
「島田知事に最後までついていこう、この人ならついていける。そう思って過
ごしていたのではないでしょうか」
佐藤喜一課長の宮城県の実家には、直筆の手紙があったのだが、東日本大震
災の津波で被災し、失われてしまった。だが、我妻さんが保管していた手紙の
コピーが残っていた。そこには佐藤課長の人柄がしのばれる、几帳面な文字が
記されている。

消息がつかめない島田と荒井

戦後の1951年（昭和26年）。「元気で行こう」と島田に言葉をかけられ、沖縄戦を生き抜いた部下が先頭に立ち、鍬を持った。場所は摩文仁の軍医部壕、島田と荒井が最後にこもっていた場所である。アメリカ軍の攻撃で「白い台地」と化したところには、草が生い茂るようになっていた。浄財を集め、ここに沖縄戦で亡くなった県庁職員と島田の慰霊碑を建てた。

戦後6年、アメリカはまだ、沖縄の人々がまとまった行動をとることに警戒心を持っていたが、この動きは「黙認」したという。また、アメリカ軍の軍政上の必要性がなければ、本土からの渡航が認められなかった時代に、島田の妻、美喜子《みきこ》夫人がこの地を訪れて、除幕に参加している。

こうして建立されたのが、「島守《しまもり》の塔」である。島田に同行して摩文仁まで同行していったものの、「命令」でここから折り返した職員は、「あの決然とした様子では、おそらく自決されたと思う」と語る。県庁職員、板良敷《いたらしき》朝基《ちょうき》さんもその職員の話を聞いた一人だ。

「やはりねえ、知事は死ぬお覚悟で赴任されたのだと、皆で話しました」

自決説のもう一つの根拠は、この軍医部壕の中で島田らと接した大塚康之元薬剤中尉が、報告書に残した証言である。

1951 年、元職員らが中心となり建立された島守の塔

「沖縄が敗れたら、自分は長官だから軍司令官と共に自決すると常に言われていた」

「摩文仁を出られると間もなく自決せられたことと思ふ」

当時の空気では、誰もがそう思った。島田は、「大勢の部下を死なせてしまったので、最後は自決する」と言っていた。「僕ほど県民の役に立たなかった知事はいないだろうねえ」とも口にしていた。そして、島守の塔の上段の塔には、「沖縄県知事島田叡、沖縄県警察部長荒井退造、終焉之地」と刻まれた。

もうひとつ、摩文仁の丘で島田の最期を見た、という目撃談も存在する。その場所は、水際から50メートルほどの断崖の中腹にある、夕陽が差し込む自然壕だという。ところが、島田と荒井の遺体や遺品と思われるものは、今に至るまで見つかっていない。

軍医部壕の外で、島田、荒井と言葉を交わした長田紀春さんは、その後、予定通りに玉城まで歩いて、投降した。そこで、知事が自決したという話をいくつか耳にした。だが、突き詰めていくと、直接の目撃談ではないし、詳細はかなりあやふやなものばかりだったという。

島田と荒井、2人とも揃って消息がつかめないのはなぜだろう。アメーバ赤痢で弱っていた荒井を、庇うように歩いていった島田。逃避行ではない。何かをしようとしていたように見える。三高野球部の関係者は、「叡さんの滑り込み」、きわどいタイミングで本塁生還を果たす島田の姿を思い浮かべて、今回も滑り込みで生還するのではないかと語り合ったという。だが2人ともまるで煙のように消えてしまった。

多くの人がその後も、島田終焉の地を求めて摩文仁を訪れた。同級生、先輩、後輩、内務省の関係者など、多くの人が実際に摩文仁の軍医部壕に入っている。神戸二中の親友、有馬大五郎は、１９６２年にこの地を訪れた。そして、「島公がこの壕の中で自決したというその場所で30分ほどポカンと口を開けて、うずくまっていた」。短い言葉に、万感がこもる。有馬をはじめ多くの人が、遺品の代わりに軍医部壕の中の石を持ち帰っている。

有馬は、１９４５年当時17歳と14歳だった島田の２人の娘のことが、終生、気になっていた。２人が音楽で生計を立てられるよう心を砕き、「ワイの娘や」と言って、あちこちに紹介して歩いた。

美喜子夫人は、島守の塔の建立除幕式で沖縄を訪れたが、多くを語らなかった。その後、沖縄を訪れることはなく、２人の娘も沖縄に足を運んでいない。

「奥さんたちが迎えに来ましたよ」

上地《うえち》よし子さんがよく思い出す言葉、それは荒井退造警察部長の口癖だという。

「戦争いうのは、どちらかが勝てばどちらかが負ける。でも、負けた国が全部無くなったというのは聞いたことがない。だから生きていきなさいって。また国を立て直していくんだから、今までの戦争はそうなってるからね、沖縄でも同じ。沖縄が負けたからって全部無くなった、それは駄目だよって、また立て直していかないといけない。だから自分で自分を殺すようなことは絶対にするなよ、命が宝よ、命が宝よって言われた」

荒井の家族は、長く沖縄に足を踏み入れなかった。上地さんによると、

「荒井さんの奥さんは、25年忌までに東京にお墓を建てたいんだけど、何にも入れるものがない、沖縄で石でも拾って魂を持ってきて、お墓を建てようと計画はしてるけど……。私は県庁に行ってみんなに話したのよ。荒井さんがこうして沖縄に来たいんだけど、こんなにたくさんの人を殺してしまって、みんなから何しに来たかと追い返されるのではないか言うてね、それで心配しておられた。そうしたら、何を言ってる、あの方のおかげでたくさんの人が、沖縄が

助かったんだよと、大歓迎」

「荒井部長さんに、奥さんたちが迎えに来ましたよって言って（笑）、部長さんのおっしゃった通りに私は生き残って、命を大事にしてますよ、子どもも孫も出来てまた来ましたよって言って、島守の塔で私拝んだんですよ」

　上地さんが体験を語り始めるには、時間が必要だった。軍とやりあったりしていたことを口外してはいけないと、島田や荒井から言われていたからだった。ハワイに移住した後は、沖縄県庁勤めだったこともしばらくは言わなかったという。

　上原徹さんも同様だった。多くの人、友を失ったことを、他人に語る気にはなれなかった。だが、２０１０年、上地よし子さんが沖縄に来た時の新聞記事を見て、気持ちが動いた。戦前戦中の県庁職員と家族で作っている「島守の会」が、６月23日に行っている慰霊式に参加するため、島守の塔を訪れた。それが、取材にも応じるようになったきっかけだったという。いま上原さんは語り部として、沖縄を訪れる中学生などに、戦争体験を語る。

今回、私たちは、上地さんのインタビューのためにハワイに向かう時、上原さんから託された手紙と最近の写真を持参した。戦争体験の記録は、いろいろな意味で時間との闘いである。証言者が年々少なくなっていく一方、長い年月を経て初めて語られる事実もある。

山里和枝さんにも、時間が必要だった。島田が残した言葉、「生きろ」と言った意味が理解できなかったという。当時としてはそんなことを言えば「非国民」とされた言葉を、行政の最高責任者から聞いたのだから、衝撃は相当なものだっただろう。

「戦後10年くらい経った頃でしょうか。ああ、そうだったのか、長官は一人でも多くの住民を生かそう、犠牲を少なくしよう、助けようとお考えだったのかと気が付いたんです。やはり、子供だったので、あの時はわからなかったんです。わかってからは、これはもう生かされたのだから、命ある限り長官のことを語り継いでいかなくてはならないと思うようになりました」

山里さんは、「元沖縄県職員」、「沖縄戦語り部」と書いた名刺を使う。そして、度々、島守の塔を訪れる。島田の好きだった酒を供え、手を合わせて呟く。

「あの時は本当にお世話になりまして、ありがとうございました」

山里さんに、島田のその後について聞いたことがある。

「自決とおっしゃる方がいるんですけどね。自決というのは、軍隊の作法でございます。長官は軍人ではありません。まして私たちに死んではいけない、生きなさいとおっしゃったんですよ。その方が、真っ先に自決するなんてあり得ません」ときっぱり断言した。

島田と荒井が目指した道

島田と荒井のその後は、謎のままである。それと同時に、いくつかの疑問が解けずに残った。私たちは、証言や現地を歩いた実感で議論をした。

島田以下県庁警察部の面々は、なぜ南下したのだろう。軍の気配を察知しただけのことだったのだろうか。

第32軍司令部が、南部への撤退を明言しなかったのは、作戦の方針そのものに理由があった。

「企図を秘匿しつつ現戦線を離脱し、一挙に喜屋武《きやん》半島《はんとう》陣地に後退する」という作戦だから、そもそも軍の外に情報がもたらされることはなかった。

牛島は参謀たちに次のような方針を告げていた。5月22日のことである。

「軍の主戦力は失ったが、なお残存する兵力と足腰の立つ島民とをもって、最後の一人まで、沖縄の島の南の果て、尺寸の土地の存する限り、戦いを続ける覚悟である」

島田以下100人の職員が南下を開始したのは、その3日後のことである。島田はこの牛島の方針を知らされてはいなくとも、見通していたに違いない。そしてこの時点で、軍とは完全に袂《たもと》を分かつ決意をしたのではないだろうか。

島田は、南部で逃げ遅れた住民を、一人でも多く救おうとした、そのための南下だった。しかし戦況は、それを十分に許さず、「僕ほど県民の役に立たなかった知事はいないだろうねえ」と島田に言わしめる事態を、目の当たりにすることになる。

玉砕一色の時代に「生きろ」と言った島田や荒井は、特異な存在だったのだろうか。住民目線の県政は、どこから生まれたのだろうか。この答えは、沖縄だけでは説明ができないかもしれない。当時の官界の深層に迫る必要がある。すでに触れたように、島田は帝大出身のエリート、荒井は苦学力行の人である。しかし2人の行政スタイルは、沖縄で急に気脈を合わせて作ったものではなく、疎開一つとってみても、島田は愛知県などで、荒井は沖縄で、同じベクトルですでに実行していた。

昭和20年7月9日、安倍源基《あべげんき》内務大臣が島田に対して日本の行政史上初の内務大臣賞詞と顕功賞、荒井に顕功賞を贈る。そして、「官吏の亀鑑」、つまり官僚の鑑《かがみ》と讃えた。ますます、特異な存在になってしまうのだが、私たちはそこに何を見るべきだろうか。

島田を追うように沖縄に赴任した、当時の毎日新聞野村勇三那覇支局長は、島田を「本当の民主的な人」と回想している。時代と民主的な人の相関関係は、考えてみるべきテーマである。島田叡知事、荒井退造警察部長、そこに偶然集った隈崎俊武輸送課長、佐藤喜一特高課長、浦崎純《うらさきじゅん》人口課長等々、住民目線で成立した「チーム島田」の成立は、現在に通じるべき行政の姿として、検証すべきものだろう。

島田と荒井が、沖縄の実情を報告するために8人を選抜した警察特別行動隊は、5月12日未明に県庁警察部壕を出発、そのうちの一人だけが東京に到着して、内務省はじめ関係者を驚かせた。任務を達成した池原警部補が上陸した場所は、奇しくも島田がかつて勤務した千葉県だった。報告は沖縄の惨状、県民の苦闘を伝えて余りあった。

そこが最後の疑問につながる。摩文仁の軍医部壕を出た荒井と島田は、どこへ向かい、何をしようとしたのだろうか。この疑問に向き合う時に思いが至るのは、2人が部下たちに、玉城で県民保護にあたれと指示を出していたことだ。そして、アメリカ軍は投降した者は殺さないという情報も、部下たちに伝えていたことである。

2人も玉城を目指した。それがなぜ、どこで頓挫したのかはわからない。確実に言えるのは、玉城の収容所に行けば、部下たちと再会できる可能性があったということである。摩文仁を後にしたのは、牛島司令官らの自決を知った後のことだ。日本軍が指定した玉城の避難所は、アメリカ軍に接収されていると2人は想定したであろう。「生きろ」という指示を受けて、玉城に向かった部下たちと、県民の状況を確認する、それがまず第一の目的だったのではないだろうか。

島田は、轟の壕で沖縄県庁の解散を宣言した。しかし、自らが沖縄県知事であることを放棄したわけではなかった。依然として知事として先を見つめ、知事の職責を全うしようとしていたのではないかと思う。

摩文仁で、牛島司令官、長参謀長と面会したのも、半分は軍の動静を判断しに行ったのではないかと考えられなくもない。これ以上の軍の展開はない、そう判断すれば知事としては「戦場行政から戦後行政へ」転換する必要がある。軍医部壕で荒井と何事か相談し、闇の中を2人で歩いていった姿にそんな推論を立ててみるのは、島田叡への私たちの旅が、まだ終わっていないからなのだと思う。

島田の足跡を語るもの

摩文仁の平和祈念公園に行かれることがあれば、ぜひ島守の塔に足を運んでほしい。島守の塔の向かって左側には、荒井退造の出身地である栃木県の慰霊塔がある。また、島守の塔と背中合わせの丘の上には、島田の出身地である兵庫県の慰霊塔が立っている。

島守の塔の敷地内には、多くの顕彰碑や歌碑が立っている。その中心は殉職した県庁職員の名前が刻まれた碑だ。その最初に、島田と荒井の名前がある。

そして、島守の塔に向かって左側に、島田を顕彰する2つの碑がある。一つは旧制三高野球部有志の碑で、「島守の塔にしづもるそのみ魂紅萌ゆるうたをききませ」という歌が刻まれている。もう一つは、兵庫高校が神戸二中から数えて創立百年を迎えた2008年に建てられた顕彰碑で、ここには、「断而敢行鬼神避之」という島田の座右の銘が刻まれている。

一方、神戸市の兵庫高校には、1964年に島田を顕彰する碑が作られた。両手をY字に開いた型の「合掌の碑」で、沖縄の方向に向けて建てられた。現在の校舎では正門を入って右のところにある。その横に2008年、摩文仁と全く同じ「断而敢行　鬼神避之」の座右の銘の碑が建てられた。したがって兵庫高校では、2つの顕彰碑が沖縄に向かって立っている。

再び摩文仁の島守の塔。その後ろの階段を上がって、最上段の「終焉碑」のところに立つと、後ろが溝のように左右に切れ込んでいる。左側の奥が、島田と荒井が最後にこもっていた軍医部壕、右側が陸軍司令部壕に通じるかつての道である。

軍医部壕は、落ち葉が積もったり崩落によって、入り口をかき分けなくてはならないが、報道ドラマ『生きろ』の取材では内部に入って撮影を行った。牛島司令官と長参謀長が自決した第32軍司令部壕は、摩文仁の丘の先端、頂上近くにある。入り口から中を見ることはできるが、通常は鉄柵に施錠されていて、中に入ることはできない。

戦跡の保存は、大きな問題だ。これは沖縄に限ったことではないが、戦争や歴史の証言は、時間の経過とともに人から物に移っていかざるを得ない。戦後70年が近づいているが、後の世代に語りつぐには、「物証」の意義が次第に大きくなっていく。

紹介してきた島田叡の足跡を見ていくうえで、壕の存在は何より貴重な物証である。首里城地下の第32軍司令部壕は、北側の龍潭《りゅうたん》側に通信指令所の壕の一部が露出していて、ここだけが見ることのできる場所である。ここには、終戦直後の内部の写真が案内板にまとめられているが、道案内の看板が出ているわけではないので、訪れる人は多くない。

島田が出入りしていた南側の第5坑口は、現在は閉鎖されている。住宅街の傾斜地を降りていった場所で、ガイドなしでは坑口まで行き着くのは難しい。むしろ首里城から、県庁警察部壕の方向を眺めると高低差や距離がつかめる。そして、その谷間の部分を低空飛行するアメリカ軍機を想像すれば、その間の移動がいかに危険な道だったかがわかる。第32軍司令部壕は、一部を修復して公開できないものか、考えさせられる。

大田実が「沖縄県民斯ク戦ヘリ」の電報を打った豊見城《とみぐすく》の海軍壕は、修復保存の後に公開している。アメリカから返還された大田の軍旗や自筆の資料も公開され、資料館としても利用されている。ここが、いち早く修復保存されるにあたっては、轟の壕で佐藤特高課長と住民保護にあたった宮城嗣吉も、活動した一人だった。

大田だけでなく、戦後に亡くなった大田の夫人もこの地に埋葬されていて、毎年慰霊式が行われる。海軍記念日の５月27日と、大田以下が自決した６月13日、異なる主催者が行う。大田家では５月は三男の落合畯《おちあいたおさ》さん、６月は他の兄弟姉妹で分担して出席している。

県庁警察部壕は、現在は鉄柵が設置されて、鍵は那覇市役所が管理している。以前は自由に入れたのだが、内部に手を加える人が出てきたことなどから、鍵をかけて管理するようになった。私たちが山里和枝さんと入った時には、スクラップになったオートバイが捨てられている状態だったが、一方で軍靴の底らしきものが見つかるなど、戦跡として重要であることがあらためて確認できた。

この壕では、荒井警察部長室付近で、碁石が発見されている。上地よし子さんが官舎から運んできたものである。これまでに10個以上が見つかり、繁多川の壕や平和祈念資料館のほか、荒井の遺族と上地さんにも渡された。また、荒井のものとみられる万年筆が見つかったが、これは遺族から平和祈念資料館に寄贈された。島田知事室付近からは、金属製の蚊取り線香立てや蚊帳を吊るための金具、薬瓶などが見つかり、兵庫高校の同窓会「武陽会《ぶようかい》」が保管している。

轟の壕は鍵がかかっているわけではないので、平和学習で訪れ中に入っていく人たちもいる。しかし、それなりの装備と心構えが必要だ。川が流れる壕内は湿気が多く、滑って危険だ。天井も、岩場が迫っているところが多い。

壕や戦跡を当時のままに保存することは不可欠だ。一方で、学習に供する保存の仕方の工夫も必要だ。長田軍医見習士官が詰めていたことのある南風原の陸軍病院壕は、一部を復元保存して見学ができるようになった。参考になる一例だ。

島田杯の誕生

１９６４年と言えば、東京オリンピックの年である。同時に、東海道新幹線が開通し、戦後史に残る年だった。この年、沖縄でも歴史に残る1ページが開かれた。

兵庫高校の島田叡氏事跡顕彰会が「島田杯」というトロフィーを作った。一つは兵庫高校にあり、学校のスポーツ振興に使われる一方、もう一つが沖縄県の高校野球連盟に寄贈された。沖縄では、この年の秋に行われた第2回沖縄選抜高校野球大会の優勝校に、この島田杯が贈られた。手にしたのはコザ高校、本土復帰前だったので「琉球政府立コザ高校」だった。

その時の監督だった安里嗣則《あさとつぎのり》さん、副主将だった捕手の平良章次《たいらあきつぐ》さんは、その後いずれも沖縄県高校野球連盟の理事長を務めた。安里さんは、

「ピカピカのすごいトロフィーだなあと言ってね、学校に帰ってからジュースを入れて、みんなで回し飲みしました」

平良さんは、しみじみと話す。

「あれから50年も高校野球に関わることになったのは、これは島田さんのおかげかなあと、そう考えますね」

コザ高校は、翌年春の選抜高校野球で甲子園の土を踏むが、くじ運が悪かった。初戦の相手は岡山東商業、主戦投手は後に大洋ホエールズのエースとなる〝カミソリシュート〟の平松政次である。平良さんによると「バットにかすりもしなかった」。7対0での敗戦。本土復帰前の沖縄には、「検疫上の問題」で甲子園の土を持ち帰ることができない時代だった。

兵庫高校の島田杯は、校長室に飾られている。その後ろには琉球人形が置かれていて、そこには「贈　琉球政府立コザ高等学校」と記されている。沖縄の関係者は今も、兵庫高校を訪れる人が多い。

島田が沖縄でボールを握った記録はない。しかし兵庫と沖縄の高校野球のつながりは、きわめて強い。甲子園で勝てない時期に、兵庫県の強豪校がグラウンドを提供し、沖縄県からの出場校の練習相手を務めた。そして今、沖縄県は、甲子園春夏連覇も遂げる強豪県となった。

エピローグ

島田と荒井の消息は今もわからないままだ。そして、今も探し続ける人たちがいる。沖縄戦終焉の地・摩文仁《まぶに》の丘。沖縄戦当時の県庁職員や家族で構成する「島守《しまもり》の会」の島袋愛子事務局長は当時の資料や証言を丹念に収集し続け、ハブが活動期に入る前の冬場から春先まで、摩文仁の崖を歩く。2013年の3月、その捜索活動に兵庫高校の同窓会「武陽会《ぶようかい》」のメンバーが加わった。私たちもその活動に同行して取材した。

摩文仁の急峻な崖には意外なことに、道があった。島守《しまもり》の塔のちょうど東側である。ただしその道は途中までである。その先は苔むして滑る危険な岩場を、トラバースするように歩いていく。崖の至るところが、広範囲に黒くなっている。アメリカ軍の火炎放射の跡だという。爆弾や手榴弾の破片が今も散見され、アメリカ軍による掃討戦の激しさがうかがわれる。そこを島田と荒井は歩いていったのだろうか。それとも息をひそめていたのだろうか。

43歳だった島田が消息を絶ってから間もなく70年。だが、誰も島田の遺体捜索とは言わない。「消息を尋ねる」のである。

島袋事務局長の思いは痛切だ。

「当時は、何人もの人が隊列組んで逃げてるんですよ。一人で通るわけじゃないんです。隊列組んでるところに弾が当たったら、そこでさようならです。だからここでは人が大勢死んでいった。その屍《しかばね》を踏みながらこうやって知事も隊列の中を、皆さんを見ながらここまでたどり着いた心境はいかばかりかと……。あれほど沖縄のために尽くされた方ですから、ご家族のところへ何とか返してあげたいのです」

岩場には、ロープが張られている。島袋さんご夫妻が事前の調査で入って、目印にロープを張っていたのである。40人以上が2日間にわたって歩いたが、消息は不明のままだった。武陽会の参加者の一人、勝順一さんは語る。「見つかる、見つからないということよりも、こうした活動を続けていくことが必要なんですね。それは島田さんのことを忘れないということでもあるわけです。島田さんを語り継いでいかないとどんどん消えていってしまう。これは我々の仕事です」

勝さんは1966年の春、兵庫高校が甲子園の土を踏んだ時の主戦投手である。

「あれが兵庫高校最後の甲子園、島田先輩に申し訳ない」

そう言って汗をぬぐい、島守の塔に頭を下げた。

その日の夜の慰労会に、浦崎純《うらさきじゅん》人口課長の長女、屋冨祖《やふそ》なほ子さんの姿があった。笑いながら、こんな話を紹介してくれた。

「戦後ですが、夕食のたびに父が島田知事の話をするんです。同じ話を何度も何度も。それで、お父さん、その話は何十回も聞いていますよと言うと、まだまだこんなものでは話し足りない、何十遍でも話すぞと言いましてね」

兵庫高校の同窓会武陽会は、2013年に100回目の卒業生を迎えた。記念行事、「武陽100年の集い」での記念講演のテーマは島田叡だった。

この場で、兵庫高校と那覇高校の同窓会が友好協定を結び、交流活動を具体化することになった。旧制の神戸二中と沖縄の県立二中、二中つながりというだけでなく、島田が沖縄に赴任した時に官舎としたのが県立二中の正門前だった。

早速、記念の顕彰事業が動き出した。一つは、「島田叡スタジアム」の設立だ。これは、すでにある那覇市の球場の一つを、そのように命名し、再スタートしようという運動である。そして、島田叡の資料を常設展示する記念館を、そこに設置しようというものだ。「これらの施設の完成によって、島田叡の名前を永遠に記録し、一人でも多くの人に知ってほしい」。関係者の思いは熱い。

島田叡の捜索は、引き続き行われている。兵庫高校卒業生の参加も続く。兵庫高校の修学旅行の行き先は、2015年から沖縄になる。

2014年6月23日、69回目の沖縄慰霊の日。安倍晋三首相がこの日に島守の塔に足を運んだ。島守の塔には初めて、島田杯が置かれ、島田叡事跡顕彰の署名は沖縄県と兵庫県を中心に3万人を超えた。

「2015年6月26日、島田叡スタジアム発足」と関係者は意気込む。6月26日は、島田が最後に目撃された日、そして島田の形式的命日である。

戦後70年のこの日、島田叡の名前が更に大きく刻まれることになる。

「生きろ！」。かつての戦場に島田が残した伝言は、今も語り継がれる。そして、島田叡は今も、人々の心に生き続けている。

参考文献

・『沖縄の島守　島田叡　親しきものの追憶から』島田叡氏事跡顕彰会／同会刊／１９６４
・「沖縄の島守　内務官僚かく戦えり」田村洋三／中公文庫／２００６
・「島田知事——沖縄戦秘史」浦崎純／沖縄出版社／１９５１
・「消えた沖縄県」浦崎純／沖縄時事出版社／１９６５
・「秘録沖縄戦記」山川泰邦／読売新聞社／１９６９
・「記録集成　戦さ世の県庁」荒井紀雄／中央公論事業出版／１９９２

あとがき

２０１３年8月7日、夜9時から報道ドラマ『生きろ～戦場に残した伝言～』は放送されました。戦中最後の沖縄県知事が、沖縄戦でどのように行動したのかを描いた番組で、放送後には「こんな人物がいたなんて、全然知らなかった」という多くの声が番組に寄せられました。

番組づくりの始まりは、先輩との何気ない会話でした。「島田叡って、知っているか。戦中最後の沖縄県知事なんだけど、凄い人なんだ、この人が…」。会話の主は、その後番組制作にも深くかかわることになった岩城浩幸記者でした。報道局でドキュメンタリー番組『報道の魂』を担当し、島田叡知事の番組を過去に制作、その後も継続して取材を行っていました。岩城と話すうちに、この人物をドキュメンタリーとドラマの両方の手法を使って描きたいと思うようになりました。ドキュメンタリーの手法だけでは描き切れない部分が多いからです。以来酒場などで話す時は、島田知事が話題になることが多かったと思いますが、そういう時間も含めて、私たちは放送に至るまで何年もの間、島田叡知事についての理解を深めてきました。

島田叡知事は調べれば調べるほど、魅力的な人物でした。なぜ、これほどの人物が知られていないのか。もっと知られていいはずなのにとの思いが募りました。物腰の柔らかさとは違って、昔の日本人が持っていた資質だと思われる「自らへの厳しさ」を内に秘めた人物でした。生死のかかった沖縄戦では、超然と生きているように思えました。近くに爆弾が落ちた時も防空壕に慌てて飛び込むことはなく、平然とお茶をすすっていたという逸話が残っています。

島田叡知事は、旧制中学、旧制高校時代は野球の名選手、今で言えばイチロー選手のような俊足巧打のスター選手でした。プロ野球もない時代に、球界最高峰の試合と見なされた一高三高戦で大活躍しました。時代が違っていれば、別の人生を歩んだ人物だったかもしれません。しかし、時代は許しませんでした。東大卒業後は、名門官庁であった内務省に入省、終戦間際の1945年になって、沖縄県知事を引き受けました。1945年に沖縄県知事を引き受けることは、当時誰の目から見ても覚悟がいることでした。

泣いて反対する妻や娘たちに「赤紙一枚で兵隊に行かされる時代に、俺は嫌やから誰かにいってくれとは言われへん」と話して、ひとり赴任していきました。もう家族で行ける状況ではありませんでした。

沖縄に行ってからは、疎開を推進し、このことで10万人を超える命を救ったと番組では表現しました。本のタイトルにもつながった、この沖縄県民の疎開は、実際には20万人を超えました。荒井警察部長の時から疎開は始まっており、島田知事赴任により拍車がかかりました。このため、島田知事赴任から確実にわかっている10万人超をタイトルに使うことになりました。疎開で20万人が助かったという事実を否定するものではありません。

また、島田知事は、アメリカ軍に制空権を奪われた台湾に単身乗り込み、県民の食糧を確保するなど、やるべきことはためらわずに行いました。時には、軍にも厳しい注文を出し、軍とベッタリのことはしませんでした。そして、沖縄戦終結とほぼ同じ頃に消息を絶ちました。

私は島田知事のご親戚の女性から聞いた話が忘れられません。戦後間もないころ、父親（島田知事の実弟）に「どうして、おじさんのお参りに沖縄へ行かないの？」と聞いた時、父親は「沖縄の人が幸せになる日が来たら、その時に行こうね」と言ったそうです。ご兄弟が、沖縄に対してどういう思いをお持ちだったかがよくわかります。ご親族が長い間、口を閉ざしてきた大きな理由だと思いました。ご親族のそうした思いを踏まえつつも、私たちは、自分のためではなく、人のために生きた島田叡さんを今の時代だからこそ、伝えたいと思いました。

放送後には、島田叡スタジアム構想に3万人を超える署名が集まり、島田叡知事の母校の兵庫高校では、OB会が中心となって番組の上映会が行われるなど、島田知事を語り継いでいこうとの機運が高まっています。

それぞれは小さな一歩かもしれませんが、今回の番組が歴史の中に埋もれようとしていた島田叡知事を再び人々の心に蘇らせるきっかけになったのではないかと私は思っています。そして、今回の「10万人を超す命を救った沖縄県知事・島田叡」の出版。みんなが島田叡さんに惹き寄せられていくように思えるのです。

島田叡知事の事績を調べるにあたっては、実に多くの方々の力をお借りしました。とりわけ「島守の会」、兵庫高校、そのOB会にあたる「武陽会」の皆さんをはじめ、作家の田村洋三さんからも多くのアドバイスを頂きました。琉球放送には取材時に一方ならぬ協力を頂きました。

出版化に当たっては、真船智美さんとBOOK PLANNINGの笠原仁子さんの尽力なしには語れません。真船さんの「知ってしまった以上、これは何としてもテレビ番組だけで終わらせるわけにはいかない．杉原千畝《ちうね》にも重なり、日本人の誇りだ」と話す口ぶりに大変、励まされました。

来年（２０１５年）は戦後70年です。ポプラ新書を通して戦中最後の沖縄県知事に「こういう人物がいたのだ」ということを一人でも多くの方にお読みいただきたいというのが、私たちの思いです。

報道ドラマ『生きろ』制作プロデューサー　藤原　康延

本書は書き下ろしです。

本書は、２０１３年８月７日にＴＢＳ系で全国放送した報道ドラマ『生きろ～戦場に残した伝言～』の、放送原稿とそのベースとなった取材メモを再構成したものである。

出演者
島田叡（第23代官選沖縄県知事）　緒形直人
荒井退造（沖縄県警察部長・警視）　的場浩司
具志よし子（県職員）　真野恵里菜
伊波和枝（防空監視隊員）　逢沢りな
小渡信一（知事秘書官）　満島真之介
長勇（陸軍中将・参謀長）　田中要次
牛島満（陸軍中将・第32軍司令官）　西郷輝彦（特別出演）
大田実（海軍少将・沖縄方面根拠地隊司令官）　石橋　凌

スタッフ
制作プロデューサー　藤原康延
番組プロデューサー　黒岩亜純

総合監修　岩城浩幸
ドキュメンタリー
チーフディレクター　佐古忠彦
ディレクター　片山　薫
ディレクター　岩波孝祥
ナレーター　由紀さおり

ドラマデザイン　三城真一
ドラマ脚本　土城温美
ドラマプロデューサー　前田利洋
ドラマ演出　酒井聖博

製作著作　ＴＢＳ

出版協力
ＴＢＳテレビ　ライセンス事業部

TBS テレビ報道局『生きろ』取材班
The 'Stay Alive' Task Force of TBS News
報道局の30代から50代の記者やディレクター6人が番組作りのために集まった混成の取材チーム。ベテラン記者の岩城浩幸はかねてより島田知事を取材してきた「生き字引的な存在」。藤原康延、黒岩亜純が番組作りの取りまとめを、沖縄取材のベテラン佐古忠彦と、片山薫、岩波孝祥の若手が主に取材を行った。この時の取材をベースにTBSテレビ取材班が本書を執筆した。

出版プロデューサー	真船智美（TBSサービス）
企画・編集	BOOK PLANNING （笠原仁子　高岡幸佳）
地図作成協力	デザイン春秋会

ポプラ新書
039
10万人を超す命を救った沖縄県知事・
島田叡
2014年 8月1日 第1刷発行
2022年11月8日 第5刷
著者
TBSテレビ報道局『生きろ』取材班
発行者
千葉 均
発行所
株式会社 ポプラ社
〒102-8519 東京都千代田区麹町 4-2-6
一般書ホームページ www.webasta.jp
ブックデザイン
鈴木成一デザイン室
印刷・製本
図書印刷株式会社

N.D.C.289/222P/18cm ISBN978-4-591-14125-0

P8201039

生きるとは共に未来を語ること 共に希望を語ること

昭和二十二年、ポプラ社は、戦後の荒廃した東京の焼け跡を目のあたりにし、次の世代の日本を創るべき子どもたちが、ポプラ（白楊）の樹のように、まっすぐにすくすくと成長することを願って、児童図書専門出版社として創業いたしました。

創業以来、すでに六十六年の歳月が経ち、何人たりとも予測できない不透明な世界が出現してしまいました。

この未曾有の混迷と閉塞感におおいつくされた日本の現状を鑑みるにつけ、私どもは出版人としていかなる国家像、いかなる日本人像、そしてグローバル化しボーダレス化した世界的状況の裡で、いかなる人類像を創造しなければならないかという、大命題に応えるべく、強靭な志をもち、共に未来を語り共に希望を語りあえる状況を創ることこそ、私どもに課せられた最大の使命だと考えます。

ポプラ社は創業の原点にもどり、人々がすこやかにすくすくと、生きる喜びを感じられる世界を実現させることに希いと祈りをこめて、ここにポプラ新書を創刊するものです。

未来への挑戦！

平成二十五年　九月吉日　　株式会社ポプラ社